Niebling

Abmahnung, Einstweilige Verfügung und neues Wettbewerbsrecht

RdW Schriftenreihe
›Das Recht der Wirtschaft‹

Band 240 · April 2018

Abmahnung, Einstweilige Verfügung und neues Wettbewerbsrecht

Dr. Jürgen Niebling
Rechtsanwalt, Olching

3.,überarbeitete Auflage, 2018

BOORBERG

Für Ewa und meine Kinder Michael, Felix, Lina, Sena Lou und Annabell

Bibliografische Information der Deutschen Nationalbibliothek | Die Deutsche Nationalbibliothek verzeichnet diese Publikation in der Deutschen Nationalbibliografie; detaillierte bibliografische Daten sind im Internet über www.dnb.de abrufbar.

3. Auflage, 2018

ISBN 978-3-415-06270-2

Die Schriftenreihe >DAS RECHT DER WIRTSCHAFT< (RdW) ist Teil des gleichnamigen Sammelwerks, einer Kombination aus Buch und Zeitschrift: Zweimal monatlich erscheinen Kurzberichte, die auf jeweils 48 Seiten über aktuelle Rechts- und Steuerfragen informieren. Jährlich erscheinen zusätzlich acht Bücher zu Themen der aktuellen Rechtslage.

Verantwortlich: Klaus Krohn, Assessor

Richard Boorberg Verlag GmbH & Co KG | Scharrstraße 2 | 70563 Stuttgart
Stuttgart | München | Hannover | Berlin | Weimar | Dresden
www.boorberg.de

Gesamtherstellung: Laupp & Göbel GmbH | Robert-Bosch-Str. 42 | 72810 Gomaringen

---

Inhalt

Abkürzungen

Abs.	Absatz
AGB	Allgemeine Geschäftsbedingungen
Art.	Artikel
BB	Betriebs-Berater (Zeitschrift)
Beschl.	Beschluss
BGB	Bürgerliches Gesetzbuch
BGBl.	Bundesgesetzblatt
BGH	Bundesgerichtshof
BGHZ	Amtliche Sammlung des Bundesgerichtshofs für Zivilsachen
BVerfGE	Entscheidungssammlung des Bundesverfassungsgerichts
DAR	Deutsches Autorecht (Zeitschrift)
DB	Der Betrieb (Zeitschrift)
BT-Drs	Bundestags-Drucksache
EuGH	Europäischer Gerichtshof
EV	Einstweilige Verfügung
Fn.	Fußnote
ggf.	gegebenenfalls
GRUR	Gewerblicher Rechtsschutz und Urheberrecht (Zeitschrift)
GVG	Gerichtsverfassungsgesetz
h. M.	herrschende Meinung
i. d. R.	in der Regel
i. S. v.	im Sinne von
i. V. m.	in Verbindung mit
KB	Köhler/Bornkamm (vgl. Literaturverzeichnis)
LG	Landgericht
m. E.	meines Erachtens
NJ	Neue Justiz (Zeitschrift)
NJW	Neue Juristische Wochenschrift (Zeitschrift)
NJW-RR	Neue Juristische Wochenschrift – Rechtsprechungs-Report (Zeitschrift)
OLG	Oberlandesgericht
PKH	Prozesskostenhilfe
RDG	Rechtsdienstleistungsgesetz
RDGEG	Einführungsgesetz zum Rechtsdienstleistungsgesetz
Rdnr./Rn	Randnummer
RIW	Recht der internationalen Wirtschaft (Zeitschrift)

RVG	Rechtsanwaltsvergütungsgesetz
str.	strittig
UKlaG	Unterlassungsklagegesetz
Urt.	Urteil
UWG	Gesetz gegen den unlauteren Wettbewerb
VOB/B	Verdingungsordnung Bau Teil B
VV	Vergütungsverzeichnis (zum RVG)
WRP	Wirtschaft in Recht und Praxis (Zeitschrift)
ZIP	Zeitschrift für Wirtschaftsrecht
ZPO	Zivilprozessordnung
ZZP	Zeitschrift für Zivilprozess

Vorwort

Anders als viele Erläuterungsbücher zum Wettbewerbsrecht will dieser Ratgeber vor allem das Verfahren zwischen Abmahnung, Hauptsacheklage und Rechtsmitteln erläutern. Gerade hier bestehen die größten Unsicherheiten und werden die meisten Fehler gemacht. Das Buch wendet sich an Firmen und Freiberufler, aber auch an Juristen und Anwälte, die Fragen zum Verfahrensrecht haben und hier keine Fehler begehen wollen.

Oft ist es gar nicht so schwer herauszufinden, ob eine Werbung noch zulässig ist, hier hilft oft das Internet, der Verband oder ein Blick in den Kommentar. Aber die Frage, wie soll ich mich hier verhalten, wird hierdurch nicht geklärt. Aus Sicht des Verfassers kann der hierzu erforderliche Überblick am besten anhand ausführlicher Muster gegeben werden. Auch hierbei war jedoch zu vermeiden, dass durch zu viele gegenläufige Muster der rote Faden verloren geht. Insoweit wird, anders als in Formularbüchern, ein Musterverfahren ausführlich erläutert und auf Abweichungen und Besonderheiten im Zusammenhang der Erläuterungen eingegangen. Hierdurch ist es möglich, einerseits die Grundzüge transparent und plakativ darzustellen, andererseits auch viele Einzelfragen, die sehr bedeutsam sein können, zu erörtern. Anregungen und Kritik nehme ich gerne entgegen. Der Stand der Bearbeitung ist April 2018.

Rechtsanwalt Dr. Jürgen Niebling, Olching

I. Einführung

Es ist durchaus legitim, Wettbewerbsverstöße von Wettbewerbern abzumahnen. Schließlich hält sich der Gegner nicht an das Gesetz und versucht sich so auf unlautere Weise einen Wettbewerbsvorsprung zu verschaffen. Werde ich dagegen selber abgemahnt, muss die Reaktion sehr wohl überlegt sein. Was sind die Konsequenzen einer abgegebenen Unterlassungserklärung, was die Konsequenzen eines einstweiligen Verfügungsverfahrens?

II. Die Abmahnung

Die Abmahnung wurde früher als ein Geschäft des Abgemahnten bezeichnet, eine Geschäftsführung ohne Auftrag. Dies war auch der Grund, weshalb der Abgemahnte die Kosten der Abmahnung zu tragen hatte. Nachdem die Kostenfrage nun in § 12 UWG geregelt ist, ist auch diese Begründung in den Hintergrund getreten. Die Abmahnung dient tatsächlich auch nur dazu, ein sofortiges Anerkenntnis im Prozess zu vermeiden.

Ohne Abmahnung kann der Beklagte/Antraggegner den Anspruch im Prozess sofort anerkennen mit der Folge, dass der Abmahnende (Kläger/Antragsteller) dann die Kosten des Rechtsstreites zu tragen hat.

1. Grundsätzliches

Die Abmahnung ist der grundsätzlich schriftliche[1] Hinweis auf einen konkret zu bezeichnenden Wettbewerbsverstoß, verbunden mit der Aufforderung, diesen für die Zukunft zu unterlassen und im Verletzungsfall eine Vertragsstrafe zu zahlen.

Die Abmahnung ist keine Zulässigkeitsvoraussetzung für eine Klage, die Beantragung einer Einstweiligen Verfügung oder die Klageerhebung ohne vorherige Abmahnung kann jedoch nachteilig sein.

So kann der Abgemahnte den Anspruch im Prozess sofort anerkennen mit der Folge, dass der Abmahnende (Kläger/Antragsteller) dann die Kosten des Rechtsstreites zu tragen hat; § 93 ZPO.

Gibt der Abgemahnte im Prozess die Unterlassungserklärung ab, so muss der Kläger den Rechtsstreit für erledigt erklären und das Gericht wird die Kosten dem Abgemahnten auferlegen.

---

1 Bornkamm in KBF § 12 Rdnr. 1.26: grundsätzlich auch mündlich/telefonisch.

Wird ohne vorherige Abmahnung im Prozess die Unterlassungserklärung abgegeben, so wird nach beiderseitiger Erledigungserklärung der Kläger die Kosten nach § 91a ZPO tragen müssen.

Im Verfügungsverfahren kann der zuvor nicht Abgemahnte den Widerspruch auf die Kosten beschränken und (so) die Entscheidung in der Sache akzeptieren; die Kostenentscheidung muss dann korrigiert werden.

Missverständlich ist es auch, die Abmahnung als Voraussetzung eines Prozesses zu bezeichnen.

Zum Teil wird angenommen, ohne Abmahnung bestehe kein Rechtsschutzbedürfnis[2] für einen Prozess, sei es der Beantragung einer Einstweiligen Verfügung, sei es für das Hauptsacheverfahren.

Dies ist unrichtig.

Die Abmahnung mag im Einzelfall einer „Obliegenheit“[3] entsprechen, prozessual spielt sie aber nur für § 93 ZPO eine Rolle, also für die Frage eines sofortigen Anerkenntnisses und der Kostentragung.

Die Rechtsnatur der Abmahnung wird zumeist als geschäftsähnliche Handlung, ähnlich einer Mahnung, eingestuft.[4]

Folgt man dem, so gilt auch § 174 BGB entsprechend, und eine ohne Vollmacht ausgesprochene Abmahnung kann unverzüglich zurückgewiesen werden.[5] Diese Auffassung ist jedoch bis heute umstritten. Der BGH vertritt wohl die Gegenauffassung, so dass § 174 BGB nicht entsprechend gilt.[6]

Wesentlich für die Abmahnung ist es, den Wettbewerbsverstoß möglichst genau zu bezeichnen und ein konkretes Verhalten zu beanstanden.

Fehler bei der rechtlichen Beurteilung sind (ähnlich im Prozess) dagegen unerheblich.

Die Abmahnung schließt mit der Aufforderung, eine strafbewehrte Unterlassungserklärung abzugeben.

---

2 Musielak-Huber, § 940 Rdnr. 25; zum Rechtsschutzbedürfnis: Köhler in KBF § 12 Rdnr. 2.15.

3 Bornkamm in KBF § 12 Rdnr. 1.7; m.E. stellt die Abmahnung nicht generell eine Obliegenheit dar; andernfalls müssten bei unterlassener Abmahnung stets eine Obliegenheitsverletzung und ein Schadensersatzanspruch bei Verschulden bejaht werden.

4 Bornkamm in KBF § 12 Rdnr. 1.10.

5 Bornkamm in KBF § 12 Rdnr. 1.30.

6 Palandt-Ellenberger § 174 Rn 2; BGH NJW 2011, 155; BGH, Urt. v. 19.5.2010 – I ZR 140/08; Götting-Schmitz-Fohrmann/Schwab, § 12 Rdnr. 15; Bornkamm in KBF § 12 Rdnr. 1.30 ff.

Andernfalls würden nur neben den gesetzlichen Unterlassungsansprüchen vertragliche Unterlassungsansprüche treten, womit (fast) nichts gewonnen ist.

Die Abmahnung mit strafbewehrter Unterlassungserklärung soll ja gerade einen Prozess vermeiden, ohne Strafbewehrung kann der Wettbewerbsverstoß jedoch sanktionslos fortgesetzt werden.

Eine Mehrforderung oder eine zu hohe Vertragsstrafe ist dagegen grundsätzlich unschädlich, der Empfänger muss dann selber entsprechend reduzieren und die Erklärung abmildern.[7]

Gleiches gilt für eine zu kurz bemessene Frist zur Abgabe der Unterlassungserklärung und zur Zahlung der Abmahnkosten. Insoweit wird dann eine angemessene Frist in Lauf gesetzt.

In eiligen Sachen reicht eine Frist von wenigen Stunden oder einem Tag; im Regelfall wird jedoch eine Frist von einer Woche nach Zugang ausreichen.

Üblich ist auch ein Hinweis, dass bei Nichtabgabe der Unterlassungserklärung eine gerichtliche Klärung erfolgen wird. Dies unterstreicht die Ernsthaftigkeit der Abmahnung und wird zum Teil auch für eine Abmahnung als wesensnotwendig angesehen.[8] Bei einer Abmahnung durch Verbände oder Anwälte liegt diese Voraussetzung jedenfalls konkludent vor.

Fehlen der Abmahnung Beweismittel und Belege, so muss der Empfänger dies rügen, sofern er überhaupt (ausnahmsweise) einen Anspruch auf diese Anlagen hat. Wer auch ohne Belege den Wettbewerbsverstoß zuordnen kann, bedarf auch keiner Belege hierzu und kann auch nicht Fristverlängerung wegen fehlender Belege verlangen.

Nachdem die Abmahnung als rechtsgeschäftsähnliche Handlung eine bestimmte Funktion zu erfüllen hat, kann nicht darauf verzichtet werden, dass die Abmahnung auch nach § 130 BGB zugeht.

Für die Frage der Kostentragung nach § 93 ZPO (bei sofortigem Anerkenntnis) gelten jedoch andere Regeln: Hier muss der Beklagte darlegen und notfalls belegen, er habe keinen Anlass zur Klage gegeben. Der detaillierte Vortrag der Versendung reicht daher im Ergebnis aus.[9]

Ausreichend ist i. d. R. die Übersendung per Fax (Protokoll aufbewahren!) und zugleich per Brief (wenn möglich sogar noch per E-Mail).

---

7 Bornkamm in KBF § 12 Rdnr. 1.18 OLG Frankfurt am Main vom 30.11.2017, 1 W 40/17.

8 OLG München, WRP 1981, 601.

9 BGH, GRUR 2007, 629; Bornkamm in KBF § 12 Rdnr. 1.36 ff.

Wer unbegründet abgemahnt wird, braucht die Unterlassungserklärung nicht abzugeben. Im Schweigen des Abgemahnten liegt noch keine (Erst-) Begehungsgefahr.

Der unberechtigt Abgemahnte kann i. d. R. anwaltlich reagieren und die Abmahnung zurückweisen; die Anwaltskosten hat dann der Abmahnende zu tragen.[10]

Bei besonderer Dringlichkeit ist eine Abmahnung entbehrlich; ebenso wenn die Abmahnung reine „Förmelei“ wäre, weil die Unnachgiebigkeit der Gegenseite feststeht.

Die Kostentragungspflicht des Abgemahnten ergibt sich aus § 12 Abs. 1 Satz 2 UWG. Wird die Unterlassungserklärung nicht abgegeben, können diese Kosten[11] nicht mit dem Antrag auf Erlass einer Einstweiligen Verfügung geltend gemacht werden, denn dies wäre eine Vorwegnahme der Hauptsache.

Diese können ggf. im Hauptsacheverfahren oder gesondert eingeklagt werden; die Verfahrensgebühr des Hauptsacheverfahrens ermäßigt sich ohnehin um die Hälfte, da die Geschäftsgebühr der Abmahnkosten anzurechnen ist.[12]

Abmahnkosten verjähren in sechs Monaten.[13]

Auch mit eigener Rechtsabteilung darf ein Unternehmen einen Anwalt einschalten und die Kosten bei der Gegenseite geltend machen.[14] I.d.R. fällt eine 1,3 Gebühr an.[15]

Sonderregelungen gibt es z. B. bei Urheberrechtsverletzungen: wird etwa die Verwendung einer urheberrechtlich geschützten Karte (als Wegebeschreibung) abgemahnt, sind die Abmahnkosten auf 100,– € beschränkt.[16]

---

10 Bornkamm in KBF § 12 Rdnr. 1.90; Piper-Sosnitza § 12 Rdnr. 28: Feststellungsklage; Götting § 12 Rdnr. 54; Halfmeier in Prütting/Gehrlein, ZPO, § 5 UKlaG Rdnr. 4.

11 I.d.R. eine 1,3 Geschäftsgebühr nach VV 2400 aus dem Gegenstandswert des Hauptsacheverfahrens (nicht des Verfügungsverfahrens).

12 Vorbemerkung 3 Abs. 4 RVG: Anrechnung der Geschäftsgebühr zur Hälfte auf die Verfahrensgebühr; hierzu auch Jungbauer, DAR 2008, 554; Gerold/Schmidt-Müller-Rabe, RVG, § 15 a Rdnr. 34; ders: Anhang II Rn 109; KBF-Bornkamm § 12 Rdnr. 1116 ff.

13 BGHZ 115, 210.

14 Bornkamm in KBF § 12 Rdnr. 1112, 1116.

15 Götting § 12 Rdnr. 47.

16 Dies erst nach der Urheberrechtsnovelle: Gesetz zum Schutz des geistigen Eigentums, in Kraft seit 1. 9. 2008 für Urheberrechtsverstöße.

2. Muster

Ich zeige Ihnen an, dass ich Herrn Rechtsanwalt A anwaltlich vertrete. Originalvollmacht füge ich bei.

Sie werben im Internet damit, dass Sie als Rechtsagent beraten. Hierbei wird der Justizpalast München abgebildet und der Begriff Rechtsagent in Paragrafenzeichen gesetzt. Die rechtliche Beratung auch außergerichtlich ist jedoch grundsätzlich Rechtsanwälten vorbehalten. Hierzu gehören Sie nicht.

Mit der Werbung

– Rechtsagent, Beratung in vielen Problemfällen in Verbindung mit dem Justizpalast und Paragrafenzeichen

verstoßen Sie daher insbesondere gegen das/die §§ 3 und 10 RechtsdienstleistungsG (RDG).

Ich habe Sie aufzufordern, diesen Wettbewerbsverstoß zu unterlassen.

Da der begangene Wettbewerbsverstoß die Wiederholungsgefahr indiziert, kann dieser nur durch Abgabe der angeschlossenen Unterlassungserklärung ausgeräumt werden.

Hierzu habe ich **bis 20. 8. 2018** aufzufordern.

Nach Ablauf der Frist müssen Sie mit der Einreichung eines Antrages auf Erlass einer Einstweiligen Verfügung rechnen.

Mit freundlichen Grüßen

(Unterschrift)

Rechtsanwalt

Unterlassungserklärung

Hiermit verpflichtet sich

Frau B, (Anschrift)

gegenüber

RA A, (Anschrift)

es zu unterlassen,

im Internet oder anderweitig wie folgt oder inhaltsgleich zu werben,

– Rechtsagent, Beratung in vielen Problemfällen in Verbindung mit der Abbildung des Justizpalastes und Paragrafenzeichen.

Für jeden Verstoß verpflichtet sich Frau B eine Vertragsstrafe von 3000,– € zu zahlen ohne Einwand des Fortsetzungszusammenhangs.

Sie trägt auch die Kosten der Abmahnung wie folgt:

Gegenstandswert: 20 000,– €

1,3 Geschäftsgebühr VV 2400 § 13 RVG	964,60 €
Postpauschale VV 7002 § 13 RVG	20,00 €
19 % MwSt aus 984,60 €	187,07 €
Summe	1171,67 €

____

Frau B
(Ort/Datum/Unterschrift)

3. Anmerkungen

Das Wettbewerbsverhältnis kann auch unter Anwälten bestehen, auch wie hier zwischen Anwälten und denen, die Rechtsberatung anbieten (was nur in eng beschränkten Fällen möglich ist).

Es ist nicht erforderlich, die Internetwerbung beizufügen, der Empfänger der Abmahnung kennt diese ohnehin.

Streitwert ist in Wettbewerbssachen der Wert der Hauptsache, i. d. R. zwischen 20 000,– € und 30 000,– €. Die Frist ist hier mit einer Woche bis zehn Tage ausreichend bemessen.

Hinweis:

Abmahnung, falls möglich, zugleich per Post, E-Mail und Fax senden.

III. Antrag auf Erlass einer Einstweiligen Verfügung

Wird keine strafbewehrte Unterlassungserklärung abgegeben, wird der Abmahnende eine Einstweilige Verfügung beantragen, denn nur so kann kurzfristig der Wettbewerbsverstoß abgestellt werden. Zulässig ist es natürlich auch, sogleich Hauptsacheklage einzureichen. Auch ein sofortiges Anerkenntnis wäre nach Abmahnung nicht mehr möglich. Das Verfahren dauert dann jedoch ungleich länger und ist wesentlich kostenintensiver.

Das Verfügungsverfahren hat auch den Vorteil, dass die Rechtsauffassung des Gerichts mit wenig Kostenrisiko in Erfahrung gebracht wird und die Sache meist schon mit Erlass einer Einstweiligen Verfügung und ohne Hauptsacheverfahren erledigt werden kann.

1. Grundsätzliches

Der Antrag auf Erlass einer Einstweiligen Verfügung setzt einen Verfügungsanspruch sowie einen Verfügungsgrund voraus. Beides ist glaubhaft zu machen. Auf hinreichende Bestimmtheit des prozessualen Anspruchs ist zu achten.[17] Zudem darf die Einstweilige Verfügung keine endgültige Regelung schaffen und die Hauptsacheentscheidung nicht vorwegnehmen.

Ausnahmen hiervon sind eng begrenzt auf Fälle echter Not und Existenzgefährdung (sog. Leistungsverfügung nach § 940 ZPO[18]).

Der Verfügungsanspruch ist ein materiell-rechtlicher Anspruch auf Unterlassung[19] oder Duldung nach dem Wettbewerbsrecht oder anderen Bestimmungen:

- Der Gegner wirbt mit Rechtsberatung, ohne Anwalt zu sein
- Der Gegner verwendet unwirksame Geschäftsbedingungen[20]
- Der Gegner würdigt den Abmahnenden so herab, dass dessen Allgemeines Persönlichkeitsrecht verletzt ist

---

17 BGH, Urt. v. 30.6.2011 – I ZR 157/10; BGH, Urt. v. 4.11.2010 – I ZR 118/09; BGH, Urt. v. 5.10.2010 – I ZR 46/09; Sosnitza § 12 Rn 60; KBF-Köhler § 12 Rdnr. 2.23b, 2.35 ff. und 2.43 ff. (für Hauptsache und eV gilt im Grundsatz das gleiche!) auch der Klagegrund muss hinreichend bestimmt sein: BG v. 5.10.2017, I ZR 184/16.

18 Musielak-Huber, § 940 Rdnr. 12; Zöller-G.Vollkommer, § 940 Rdnr. 4.

19 Für Geldforderungen gibt es nur den Arrest.

20 Köhler, NJW 2008, 177; ders. in KBF § 3a Rdnr. 1283: Marktverhaltensregeln; Niebling, in AGBR-K, Vor § 307 Rdnr. 27, § 4 Rdnr. 2.22 und Rdnr. 11, 156a; Musielak-Huber, § 940 Rdnr. 6; BGH, Urt. v. 24.7.2008 – VII ZR 55/07 zur VOB/B.

- Händler erwerben Bundesligakarten beim HSV (der eine Abgabe an Wiederverkäufer ausgeschlossen hat), um diese weiterzuvertreiben[21]
- Werbung per E-Mail oder per Fax wird ohne Einwilligung des Adressaten verschickt[22]
- Der Gesamtpreis wird nicht angegeben, weil die Überführungskosten fehlen.

Ein Verfügungsgrund liegt vor, wenn die vorläufige Regelung dringlich ist. Es muss eine vorläufige Sicherung im Eilverfahren notwendig sein.

§ 12 Abs. 2 UWG macht hiervon eine wesentliche Ausnahme: Eine Darlegung und Glaubhaftmachung der in den §§ 935 und 940 ZPO genannten Voraussetzungen ist nicht erforderlich.

Dies bedeutet Folgendes: Bei Unterlassungsansprüchen nach dem UWG und dem UKlaG, dort § 5, besteht eine widerlegliche Vermutung der Dringlichkeit.

Analog werden diese Regelungen auch überwiegend im Markenrecht angewendet.[23]

Bei Verletzung des Allgemeinen Persönlichkeitsrechts[24] und Unterlassungsansprüchen nach Bürgerlichen Recht wird dagegen zu Unrecht die Analogie verneint.[25]

Die Auskunft kann nicht als vorläufige Regelung angesehen werden; insoweit bleibt hierfür grundsätzlich nur das Hauptsacheverfahren.[26]

Die Maßnahme muss zur Abwendung weiterer Verletzungen (oder einer bevorstehenden ersten Verletzung) erforderlich sein. Hierbei begründet eine frühere Verletzung die Vermutung für eine Wiederholung.[27]

Eine Dringlichkeit liegt nicht mehr vor, wenn der Antragsteller längere Zeit untätig ist, obwohl er den Verursacher/Antragsgegner und den Wettbewerbsverstoß kennt oder grobfahrlässig nicht kennt. Hierbei reicht u. U. die Kenntnis von einem Monat[28].

---

21 BGH, Urt. v. 11. 9. 2008 – I ZR 74/06.

22 BGH, Urt. v. 17. 7. 2008 – I ZR 75/06.

23 Umstritten: hiergegen Köhler in KBF § 12 Rdnr. 3.14.

24 Hierzu: Palandt-Sprau, Einführung vor § 823 Rdnr. 24 und § 823 Rdnr. 83.

25 Keine Analogie bei Unterlassungsansprüchen nach BGB: Köhler in KBF § 12 Rdnr. 3.14.

26 Köhler in KBF § 12 Rdnr. 3.10.

27 Musielak-Huber, § 935 Rdnr. 17; Zöller-G.Vollkommer, § 935 Rdnr. 10 udn § 940 Rdnr. 1.

28 So OLG München, WRP 1993, 49; Hierzu: Köhler in KBF § 12 Rdnr. 3.15 ff.

Wer gegen einen gleichartigen früheren Verstoß nicht vorgegangen ist, soll auch nicht gegen einen aktuellen Verstoß vorgehen können.[29]

2. Muster

RA ... *(Anschrift)*

Landgericht München I
Lenbachplatz 7
80316 München

Antrag auf Erlass einer

Einstweiligen Verfügung

namens und im Auftrag von

RA A, *(Anschrift)* *– Antragsteller/Kläger –*
Prozessbevollmächtigter: RA ...
gegen

Frau B, *(Anschrift)* *– Antragsgegnerin/Beklagte –*
Prozessbevollmächtigter: offen
wegen Wettbewerbsrecht

mit dem **Antrag**, für Recht zu erkennen:

Der Antragsgegnerin wird bei Meidung eines
– Ordnungsgeldes von 5,– € bis zu 250000,– €, an dessen Stelle im Falle der Uneinbringlichkeit eine Ordnungshaft bis zu sechs Monaten tritt, oder
– einer Ordnungshaft bis zu sechs Monaten
für jeden einzelnen Fall der Zuwiderhandlung verboten,

29 So Köhler in KBF § 12 Rdnr. 3.19; zweifelhaft, da ja dann ein anderer Wettbewerber vorgehen oder der Abgewiesene Hauptsacheklage einreichen kann.

im geschäftlichen Verkehr im Internet mit Rechtsberatungsleistungen zu werben, insbesondere, wenn dies unter Abbildung des Münchner Justizpalastes und von Paragrafenzeichen und mit dem Hinweis auf Beratungsleistungen als „Rechtsagent" erfolgt.

Streitwert: 20000,– €

Begründung:

Der Antragsteller ist seit vielen Jahren als Anwalt in München tätig. Die Antragsgegnerin ist ohne juristischen Ausbildungsabschluss und hat nach ihren Angaben in Kroatien einige Semester Jura studiert. Sie war nie als Juristin tätig.

Sie ist in Deutschland insbesondere nicht als Rechtsanwalt oder Rechtsbeistand zugelassen und kann insoweit auch nicht zugelassen werden.

Beweis: Eidesstattliche Versicherung des Unterzeichners

Seit kurzem wirbt die Antragsgegnerin im Internet. Diese Werbung findet sich, wenn man „Rechtsberatung B" oder „Rechtsagent" oder „B" bei einer Suchmaschine eingibt.

Im Internet wirbt die Antragsgegnerin damit, als Rechtsagent rechtlich zu beraten. Hierbei wird der Justizpalast München abgebildet und der Begriff Rechtsagent in Paragrafenzeichen gesetzt.

Mit der Werbung

– Rechtsagent, Beratung in vielen Problemfällen in Verbindung mit dem Justizpalast und Paragrafenzeichen

verstößt die Antragsgegnerin insbesondere gegen §§ 3 und 10 des RDG (früher: Art. 1 § 1 Rechtsberatungsgesetz) §§ 3, 5 UWG

Die rechtliche Beratung, auch außergerichtlich, ist grundsätzlich Rechtsanwälten vorbehalten. Hierzu gehört die Antragsgegnerin nicht.

Der Begriff Rechtsagent ist zudem zu dem Begriff Rechtsbeistand synonym, jedenfalls kann insoweit eine Verwechselung erfolgen. Insoweit liegt eine zur Verwechselung ähnliche Bezeichnung i. S. v. § 6 RDGEG vor.

Insbesondere wird in anderen Ländern, so der Schweiz, statt des Begriffs Rechtsbeistand der Begriff Rechtsagent verwendet.

In jedem Fall wird durch diesen Begriff der Eindruck erweckt, zur Rechtsberatung autorisiert zu sein und eine Rechtsberatung durchzuführen.

Der Antragsteller kann es auch nicht hinnehmen, dass bei der Suche nach seinem Werbeauftritt im Internet potenzielle Klienten auf die Antragsgegnerin stoßen. In jedem Fall liegt ein Wettbewerbsverhältnis vor, da auch die Antragsgegnerin mit Rechtsberatung wirbt.

Mit Anwaltsschreiben vom 10. 8. 2018 wurde die Antragsgegnerin aufgefordert, diesen Wettbewerbsverstoß zu unterlassen. Das Schreiben wurde sowohl an ihren Prozessbevollmächtigten RA ... per Fax und Brief am 10. 8. 2008 übermittelt, wie auch der Antragsgegnerin am 13. 8. 2018 persönlich übergeben.

Zur Abgabe der angeschlossenen Unterlassungserklärung wurde Frist bis 20. 8. 2018 gesetzt.

Glaubhaftmachung: Vorlage der Abmahnung

Die Unterlassungserklärung wurde jedoch nicht abgegeben, obwohl hierin darauf hingewiesen wurde, dass die Antragsgegnerin nach Ablauf der Frist mit der Einreichung eines Antrages auf Erlass einer Einstweiligen Verfügung rechnen müsse.

Beweis: Eidesstattliche Versicherung des Unterzeichners

(Unterschrift)

Rechtsanwalt

3. Anmerkungen

Die Zuständigkeit ergibt sich aus §§ 937 Abs. 1 und 919 ZPO, wonach das Gericht der Hauptsache zuständig ist.

Früher galt: Bei einer unzulässigen Zeitschriften-, Radio-, Fernseh- oder Internetwerbung ist somit bei jedem Gericht ein Gerichtsstand eröffnet, zu dem durch das Medium die unzulässige Werbung vertrieben wird: § 32 ZPO, § 14 UWG, § 26 GWB.[30] Nunmehr gilt die Sonderregelung in § 14 Abs. 2 UWG, hiernach besteht der „fliegende Gerichtsstand" nurmehr für in einem konkreten Wettbewerbsverhältnis stehende Wettbewerber.

In Ausnahmefällen ist das AG zuständig; § 942 ZPO.

Um dem Erlass einer Einstweiligen Verfügung zuvorzukommen, kann der Gegner eine Schutzschrift[31] bei dem Gericht einreichen, bei dem voraussicht-

30 Musielak-Heinrich, § 32 Rdnr. 4; Zöller-Schulzky § 32 Rdnr. 10; KBF-Köhler/Feddersen § 14 Rn 13 ff.

31 Hierzu: Musielak-Huber, § 937 Rdnr. 7; Zöller-G.Vollkommer § 945a Rdnr. 1.

lich eine Einstweilige Verfügung beantragt wird, oder aber beim Schutzschriftregister nach § 945a ZPO einreichen.

Der Gegner will sich so rechtliches Gehör verschaffen und eine Entscheidung ohne mündliche Verhandlung nach § 937 Abs. 2 ZPO vermeiden.

Nimmt der Antragsteller nach Übersendung der Schutzschrift den Antrag zurück, sind die Kosten der Schutzschrift erstattungsfähig.[32] Wird die Schutzschrift erst nach Rücknahme eingereicht, kommt keine Kostenerstattung in Betracht.[33]

Bei Erstattungsfähigkeit liegt der Gebührenrahmen bei 0,8 nach VV 3101 RVG[34] bzw. bei 1,3 bei VV 3100. Die Einstellung in das Schutzrechtsregister löst eine Gebühr von 83 € aus.

Streitwert einer Unterlassungsverfügung ist nach § 53 Abs. 1 Nr. 1 GKG i. V. m. § 3 Halbsatz 1 ZPO das Interesse an der Verfügung, was mit ca. 1/3 des Hauptsacheanspruchs angesetzt wird.[35]

Anhaltspunkte sind etwa 5100,–[36] bis 6000,– € im Verfügungsverfahren und 15 000,– € bis 30 000,– € im Hauptsacheverfahren. Kosten der Abmahnung und sonstige vorprozessuale Rechtsanwaltskosten werden nicht berücksichtigt.[37]

Bei Unterlassungsansprüchen gegen unwirksame Geschäftsbedingungen werden i. d. R. 2500,– € je Klausel angesetzt.[38] Bei besonders bedeutsamen Klauseln kann der Streitwert je Klausel jedoch auf 25 000 € steigen.

32 BGH, NJW 2003, 1257; Musielak-Wolst, § 91 Rdnr. 64; Zöller-G. Vollkommer § 945a Rdnr. 1.

33 BGH, WRP 2007, 786.

34 Musielak-Wolst, § 91 Rdnr. 64; KBF-Köhler § 12 Rdnr. 3.41 Zöller-G. Vollkommer § 945a Rdnr. 1.

35 Musielak-Heinrich, § 3 Rdnr. 38 „Wettbewerbsrecht"; Zöller-Herget § „Einstweilige Verfügung".

36 Vorsicht: bis 5000,– € ist an sich das AG zuständig sein; § 23 Nr. 1 GVG, aber § 13 UWG geht vor.

37 BGH, Urt. v. 9. 2. 2012 – I ZR 142/11.

38 Musielak-Heinrich, § 3 Rdnr. 23 „Allgemeine Geschäftsbedingungen"; Halfmeier, in Prütting/Gehrlein, ZPO, § 6 Rdnr. 15 UKlaG; Niebling, in AnwK-AGBR § 5 Rdnr. 14; BGH, Urt. v. 6. 3. 2013 – IV ZR 211/11.

IV. Die erlassene Einstweilige Verfügung

Bei vielen Gerichten wird bereits nach wenigen Tagen eine beantragte, begründete Einstweilige Verfügung ohne mündliche Verhandlung durch Beschluss erlassen. Der Antragsteller bzw. sein Prozessbevollmächtigter wird hierbei telefonisch von der Geschäftsstelle informiert und bietet an, dass der Antragsteller den erlassenen Beschluss abholen kann. Bei einer Zustellung würden wiederum mehrere Tage vergehen, so dass gerade bei eilbedürftigen Verfahren dieses Vorgehen sinnvoll ist.

1. Grundsätzliches

Wird durch Beschluss ohne mündliche Verhandlung entschieden, so kann ein solcher Beschluss sehr kurz sein. Dieser enthält als Tenor das Verbot, die Kostenentscheidung sowie die Festsetzung des Streitwertes.

Nachdem Rechtsmittel gegen den Beschluss gegeben sind, erhält der Antragsteller nicht sogleich eine „vollstreckbare Ausfertigung", sondern eine „Ausfertigung".

2. Muster

Ausfertigung

Landgericht München I
Lenbachplatz 7
80316 München

AZ: 33 O 14507/18

Einstweilige Verfügung

In dem Rechtsstreit

RA A *(Anschrift)* – *Antragsteller* –
Verfahrensbevollmächtigter: RA ...

gegen

Frau B, *(Anschrift)* – *Antragsgegnerin/Beklagte* –

wegen Unterlassung

erlässt das Landgericht München I, 33. Zivilkammer, am 21.8.2018 folgende:

Einstweilige Verfügung

1. Der Antragsgegnerin wird bei Meidung eines

– Ordnungsgeldes von 5,– € bis zu 250000,– €, an dessen Stelle im Falle der Uneinbringlichkeit eine Ordnungshaft bis zu sechs Monaten tritt, oder

– einer Ordnungshaft bis zu sechs Monaten

für jeden einzelnen Fall der Zuwiderhandlung

verboten,

im geschäftlichen Verkehr im Internet mit Rechtsberatungsleistungen zu werben, insbesondere, wenn dies unter Abbildung des Münchner Justizpalastes und von Paragrafenzeichen und mit dem Hinweis auf Beratungsleistungen als „Rechtsagent" erfolgt.

2. Die Antragsgegnerin hat die Kosten des Verfahrens zu tragen.

3. Der Streitwert wird auf 20000,– € festgesetzt.

Vors. Richterin

3. Anmerkungen

Die erlassene Einstweilige Verfügung wird nicht von Amts wegen der Gegenseite zugestellt. Vielmehr muss dies im Parteibetrieb erfolgen. Hierfür beauftragt der Antragsteller den Gerichtsvollzieher.[39] I.d.R. gibt es bei Gericht eine Verteilungsstelle für Gerichtsvollzieher. An diese muss das Original der Einstweiligen Verfügung – vollstreckbare Ausfertigung mit Stempel und Unterschrift! – mit dem Auftrag der Zustellung erfolgen.

I.d.R. erfolgt dann nach wenigen Tagen eine Bestätigung des Gerichtsvollziehers über die Zustellung, verbunden mit der Kostenrechnung, die der Antragsteller zunächst auszugleichen hat. Damit ist auch eine Voraussetzung der Vollziehung der Einstweiligen Verfügung nach § 929 Abs. 2 ZPO erfolgt.

39 Köhler in KBF § 12 Rdnr. 3.62.

Hiernach muss die Einstweilige Verfügung innerhalb eines Monats zugestellt sein, andernfalls ist diese nicht mehr zu vollziehen. Diese Monatsfrist beginnt mit der Aushändigung des Beschlusses auf der Geschäftsstelle (s. o.).[40]

Die Vollziehung selber setzt nicht voraus, dass Vollziehungsmaßnahmen nach den §§ 930 ZPO erfolgen; denn § 930 ZPO ist auf einstweilige Verfügungen nicht anwendbar. Beim Vollstreckungsorgan muss daher grundsätzlich kein Vollziehungsantrag innerhalb eines Monats gestellt werden.[41]

Bei einer auf Unterlassung oder Duldung gerichteten und erlassenen Einstweiligen Verfügung reicht die Zustellung jedoch alleine aus, falls der Titel die Zwangsmittelandrohung nach § 890 Abs. 2 ZPO enthält.[42] Der Gläubiger kann ja hier nicht bereits Vollstreckungsmaßnahmen wie eine Vorpfändung u. a. durchführen.

Hält der Gegner das Unterlassungsgebot nicht ein, muss zusätzlich die Verhängung eines Ordnungsmittels beantragt werden.[43]

Für die Kosten des Verfügungsverfahrens gilt § 91 ZPO. Die Abmahnkosten gehören hierbei nicht zu den Kosten des Rechtsstreits und können nicht im Kostenfestsetzungverfahren festgesetzt werden.[44]

Einstweilige Verfügung und Hauptsacheverfahren sind unterschiedliche Angelegenheiten i. S. v. § 17 Nr. 4 RVG, die Gebühren entstehen daher unabhängig voneinander. Umgekehrt wird im Kostenfestsetzungsverfahren die Geschäftsgebühr des Abmahnschreibens auf die Prozessgebühr angerechnet, die sich somit halbiert.[45] Ohne mündliche Verhandlung entsteht keine Terminsgebühr; es sei denn, es wurde mit der Gegenseite (auch telefonisch) über eine Gesamteinigung und Beilegung der Auseinandersetzung gesprochen.[46]

---

40 So Musielak-Huber, § 929 Rdnr. 4; Köhler in KB § 12 Rdnr. 3.67 : Amtszustellung an den Gläubiger: Zöller-G.Vollkommer § 929 Rn 13: Parteizustellung ist Voraussetzung der Fristwahrung.

41 Musielak-Huber, § 929 Rdnr. 6.

42 Musielak-Huber, § 936 Rdnr. 5; Köhler in KBF § 12 Rdnr. 3.62.

43 Musielak-Huber, § 936 Rdnr. 5; Köhler in KBF § 12 Rdnr. 3.62.

44 BGH, Beschl. v. 14. 8. 2008 – I ZB 103/07; BGH, NJW-RR 2006, 501; 2007, 856; Musielak-Wolst, § 91 Rdnr. 36; Zöller-Herget § 91 Rdnr. 13 „Abmahnung".

45 BGH, Beschl. v. 14. 8. 2008 – I ZB 103/07; BGH, NJW-RR 2006, 501; 2007, 856; Musielak-Wolst, § 91 Rdnr. 36; eine Ausnahme macht das OLG Frankfurt, bei Ungewissheit über das Bestehen der Geschäftsgebühr: Urt. v. 10. 4. 2008, – 18 W 127/06.

46 Musielak-Huber, § 922 Rdnr. 12 ff.

V. Rechtsschutz gegen die erlassene Einstweilige Verfügung

Die erlassene Einstweilige Verfügung ist zwar nach Zustellung Vollstreckungstitel. Sie kann jedoch nicht wie andere Titel mit Verjährungsfrist von 30 Jahren (§ 197 Abs. 1 Nr. 3 BGB) vollstreckt werden. Dies beruht darauf, dass es sich bei einer Einstweiligen Verfügung um keine „rechtskräftig festgestellten Ansprüche“ handelt. Hierbei ist auf die formale Rechtskraft abzustellen. Gleichwohl wird durch einen Antrag auf einstweilige Verfügung die Verjährung gehemmt; §§ 204 Abs. 1 Nr. 9 HS1, 209 BGB.

Nachdem aber gegen eine Einstweilige Verfügung Rechtsmittel gegeben sind, wird diese nicht formal rechtskräftig. Insbesondere sind möglich

- der Widerspruch § 924 ZPO
- Anordnung der Klageerhebung § 926 ZPO
- Aufhebung wegen veränderter Umstände § 927 ZPO.

Dies jeweils i. V. m. § 936 BGB für Einstweilige Verfügungen (Verweis auf Arrestvorschriften).

Damit ist die Einstweilige Verfügung nicht der formalen Rechtskraft fähig[47] bzw. besitzt nur eingeschränkte Rechtskraft, insbesondere kann stets ein Hauptsacheverfahren eingeleitet werden, sogar neben einem Verfügungsverfahren, in dem die Wirkungen der Einstweiligen Verfügung aufgehoben werden.[48] Auch bezüglich der materiellen Rechtskraft bestehen Vorbehalte: es steht eben nicht rechtskräftig und unanfechtbar fest, dass ein bestimmtes Verbot einzuhalten ist. Auch hier erscheint der Begriff einer eingeschränkten Bindungswirkung vorzugswürdig. Andernfalls müsste auch doppelte Rechtshängigkeit angenommen werden, wenn Verfügungs- und Hauptsacheverfahren parallel geführt werden, was unstreitig möglich ist.

Auch dies zeigt, dass die Grundsätze einer formalen und materiellen Rechtskraft nicht oder nur sehr eingeschränkt gelten.

Bindungswirkungen ergeben sich insbesondere wie folgt:

- Nach einem Antrag auf Erlass einer Einstweiligen Verfügung in Hamburg wird ein solcher gleichlautender in München gestellt: Nachdem der gleiche Streitgegenstand anhängig gemacht wird, ist das 2. Verfahren unzulässig.

---

47 so Musielak-Huber, § 922 Rdnr. 11.

48 Die h. M. spricht dagegen von eingeschränkter Rechtskraft: Zöller-G.Vollkommer, Vor § 916 Rdnr. 13.

- Wird die Einstweilige Verfügung mangels Glaubhaftmachung zurückgewiesen, kann diese erneut mit neuer Glaubhaftmachung beantragt werden.[49]
- Wird die Einstweilige Verfügung nicht vollzogen (§ 929 Abs. 2 ZPO), so kann diese erneut beantragt werden, wenn die Dringlichkeit noch besteht.

1. Grundsätzliches

Ohne mündliche Verhandlung wird die Einstweilige Verfügung als Beschluss erlassen; § 922 ZPO.

Der Antragsgegner kann hiergegen Widerspruch einlegen; § 924 Abs. 1 ZPO oder Aufhebung wegen veränderter Umstände beantragen; § 927 ZPO. Zugleich kann beantragt werden, die Einstweilige Verfügung gegen Sicherheitsleistung aufzuheben; § 939 ZPO.

Wird eine Einstweilige Verfügung **nach mündlicher Verhandlung** im Urteilsverfahren erlassen, so kann unter den allgemeinen Voraussetzungen Berufung eingelegt werden.

Wird der Antrag auf Erlass einer Einstweiligen Verfügung nach § 922 Abs. 3 ZPO – ohne mündliche Verhandlung – zurückgewiesen, so kann der Antragsteller sofortige Beschwerde nach § 567 Abs. 1 ZPO erheben.

Findet eine mündliche Verhandlung statt und wird durch Urteil der Antrag auf Erlass einer Einstweiligen Verfügung zurückgewiesen, so findet nach den allgemeinen Voraussetzungen die Berufung statt.

Gegen Urteile des LG oder des OLG als 2. Instanz findet kein Rechtsmittel statt, insbesondere ist die Revision unstatthaft; § 542 Abs. 2 ZPO. Auch eine Rechtsbeschwerde findet analog § 542 Abs. 2 Satz 1 ZPO nicht statt.[50]

Nach § 920 Abs. 3 ZPO kann das Arrestgesuch bzw. der Antrag auf Erlass einer Einstweiligen Verfügung auch vor der Geschäftsstelle zu Protokoll erklärt werden. Gleiches gilt für eine sofortige Beschwerde; § 569 Abs. 3 Nr. 1 ZPO. Dies i. V. m. § 78 Abs. 5 ZPO führt dazu, dass kein Anwaltszwang vorliegt, bis mündlich verhandelt wird. Dann besteht beim LG und OLG Anwaltszwang nach § 78 Abs. 1 ZPO.[51]

---

49 Ebenso Musielak-Huber, § 922 Rdnr. 11 ff.; Zöller-G.Vollkommer, § 922 Rdnr. 18.

50 BGH NJW 2003,1531; Köhler in KBF § 12 Rdnr. 3.38; Zöller-Althammer § 78 Rdnr. 28.

51 Musielak-Weth, § 78 Rdnr. 31; OLG Karlsruhe, GRUR 1993, 687.

1. Fall: Das Gericht entscheidet durch Beschluss

In dringenden Fällen kann das Gericht einem Antrag auf Erlass einer Einstweiligen Verfügung ohne mündliche Verhandlung durch Beschluss stattgeben; § 937 Abs. 2 ZPO.

Dies kann auch bei Vorliegen einer Schutzschrift der Fall sein.

Eine Begründung ist nicht erforderlich.

Rechtsbehelfe (wie vorstehend):

- des Antragstellers (bei Ablehnung): sofortige Beschwerde
- des Antraggegners (bei Erlass): Widerspruch

2. Fall: Das Gericht entscheidet durch Urteil

Dies setzt die Durchführung einer mündlichen Verhandlung voraus. Eine solche wird das Gericht ansetzen, wenn der Antrag noch nicht schlüssig ist, und dies auf einem Versehen beruht, etwa eine Anlage beizufügen etc. Mit der Terminierung darf jedoch keine Rechtsverweigerung verbunden sein, weil eine zu späte Terminierung das Gebot effektiven Rechtsschutzes verletzen würde. Hiergegen findet Beschwerde statt.[52] Eine Verweisung an das zuständige Gericht ist zulässig.[53]

Im Urteilsverfahren wird das Urteil mit der Verkündung verbindlich und ist auch schon vor einer Zustellung an den Gegner zu beachten.[54]

Die Zustellung erfolgt hier anders als im Beschlussverfahren nicht im Parteibetrieb, sondern von Amts wegen; § 317 Abs. 1 Satz 1 ZPO. Hierdurch wird aber die Vollziehungsfrist nach § 929 Abs. 2 ZPO nicht eingehalten. Hierfür ist die Parteizustellung erforderlich.[55]

Hinweis:

Eine Zustellung von Anwalt zu Anwalt ist bei Empfangsbekenntnis nach § 195 ZPO zulässig. Ohne Empfangsbekenntnis allerdings nicht ausreichend.[56]

Bei der Tenorierung hat das Gericht weiten Spielraum; § 938 ZPO.

Auch ohne Antrag

- können Aufbrauchfristen eingeräumt werden
- kann eine Urteilsbekanntmachung angeordnet werden; § 12 Abs. 3 UWG
- können Ordnungsmittel angedroht werden
- kann Sicherheitsleistung angeordnet werden

52 OLG Stuttgart WRP 1983, 711; Köhler in KB § 12 Rdnr. 3.25.

53 Köhler in KBF § 12 Rdnr. 3.27.

54 Köhler in KBF § 12 Rdnr. 3.29.

55 Bork, WRP 1989, 360; Zöller-G.Vollkommer § 929 Rdnr. 12 und 16.

56 Musielak-Huber, § 929 Rdnr. 9; Zöller-Schulzky § 195 Rdnr. 7; Fax-Zustellung ist nach § 174 Abs. 2 ZPO möglich.

Hinweis:

Sinnvoll ist jedoch in jedem Fall, den Antrag auszuformulieren und möglichst präzise zu fassen. Ordnungsmittel sollten auf jeden Fall beantragt werden, ohne Antrag wird das Gericht diese nicht festsetzen.

Eine Revision findet nicht statt; § 542 Abs. 2 Satz 1 ZPO.

Rechtsbehelfe (wie vorstehend):

- des Antragstellers (bei Zurückweisung): Berufung
- des Antraggegners (bei Erlass): Berufung

2. Muster

→ **des Antraggegners (bei Erlass durch Beschluss): Widerspruch**

gegen den Beschluss des LG München I, AZ. . . ., vom . . ., zugestellt am . . ., lege ich hiermit

Widerspruch

ein und beantrage, die erlassene Einstweilige Verfügung aufzuheben sowie den Antrag auf Erlass einer Einstweiligen Anordnung vom . . . (Antrag vorsorglich wiederholen) abzuweisen

hilfsweise: eine Aufbrauchsfrist von einem Monat einzuräumen

→ **Alternativ (Kostenwiderspruch)**

gegen den Beschluss des LG München I, AZ. . . ., vom . . ., zugestellt am . . ., lege ich hiermit

Kosten-Widerspruch

ein und beantrage, die erlassene Einstweilige Verfügung abzuändern und dem Antragsteller die Kosten des Verfahrens aufzuerlegen

→ **des Antraggegners (bei Erlass durch Urteil): Berufung**

gegen das Urteil des LG München I, AZ. ..., vom ..., zugestellt am ..., lege ich hiermit

Berufung

ein.

Mit der Berufung wird beantragt: das Urteil ... aufzuheben und den Antrag auf Erlass einer Einstweiligen Anordnung vom ... abzuweisen.

3. Anmerkungen

Nach § 204 Abs. 1 Nr. 9 BGB wird durch die Zustellung der Einstweiligen Verfügung die Verjährung gehemmt.

Für die sofortige Beschwerde besteht kein Anwaltszwang, anders für den Widerspruch (s. o.).

Legt der Gegner „Beschwerde" gegen die erlassene Einstweilige Verfügung ein, so kann dies als Widerspruch ausgelegt werden. Natürlich besteht auch dann Anwaltszwang, wenn der richtigerweise einzulegende Widerspruch als „Beschwerde" bezeichnet wird.

Beim Widerspruch ist durch Endurteil zu entscheiden; einer sofortigen Beschwerde kann das Erstgericht durch weiteren Beschluss ohne mündliche Verhandlung stattgeben.

Durch bloßen Kostenwiderspruch wird die Einstweilige Verfügung der Sache nach akzeptiert. Der Antragsgegner wird hierbei ausführen, wäre er abgemahnt worden, hätte er sich unterworfen. Auch hierüber ist durch Endurteil zu entscheiden.

Weitere Verteidigungsmöglichkeiten

Neben dem Widerspruch nach § 924 ZPO gibt es weitere Möglichkeiten der Verteidigung:

- Anordnung der Klageerhebung nach § 926 ZPO
- Das Verlangen auf Aufhebung wegen veränderter Umstände nach § 927 ZPO

Beides kann sogar parallel beantragt werden; es muss jedoch jeweils das Rechtsschutzbedürfnis bestehen.[57]

57 Im Einzelnen: Musielak-Huber, § 927 Rdnr. 2.

Wird der Widerspruch jedoch auf veränderte Umstände gestützt, so kann nicht gleichzeitig der Antrag nach § 927 ZPO gestellt werden.[58]

Eine Vollstreckungsabwehrklage (§ 767 ZPO) oder eine Abänderungsklage (§ 323 ZPO) ist unzulässig, da die vorstehenden Rechtsmittel Vorrang haben.

Eine einstweilige Einstellung der Zwangsvollstreckung nach § 769 ZPO ist nicht möglich.[59]

Insoweit gehen die §§ 923, 927 ZPO vor. Mit dem Widerspruch kann daher nicht beantragt werden, die Vollziehung aufzuheben,[60] oder Schadensersatz zu zahlen.

Ausnahme: § 924 Abs. 3 Satz 2 i. V. m. § 707 ZPO

Insoweit kann eine einstweilige Anordnung beantragt werden, dass die Zwangsvollstreckung gegen oder ohne Sicherheitsleistung einstweilen eingestellt wird oder nur gegen Sicherheitsleistung stattfinde.

Diesem Antrag wird jedoch nur in extremen Ausnahmefällen stattzugeben sein.

Hinweis:
- Glaubt der Antragsgegner, es liege kein Verfügungsanspruch vor, so wird er Widerspruch einlegen.
- Glaubt er, zwar nicht die Glaubhaftmachung entkräften zu können, aber weitere Beweismittel (Zeugen u. a.) zu besitzen, die den Verfügungsanspruch entkräften können, so wird er Frist zur Klageerhebung nach § 926 setzen lassen.

Auf Widerspruch wird eine mündliche Verhandlung anberaumt; § 924 Abs. 2 Satz 2 ZPO. Hierin wird über die Rechtmäßigkeit der erlassenen Einstweiligen Verfügung entschieden; § 925 Abs. 1 ZPO.

Folgende Entscheidungen sind durch Endurteil möglich:
- die EV wird bestätigt
- die EV wird teilweise bestätigt
- die EV wird aufgehoben.[61]

58 OLG Düsseldorf, NJW-RR 1988, 188.
59 Zu Recht: Musielak-Lackmann, § 769 Rdnr. 1; MK-Karsten-Schmidt, § 769 Rdnr. 4 (str.).
60 Musielak-Huber, § 924 Rdnr. 8.
61 § 925 Abs. 2 ZPO.

Damit sehen die Anträge, die der Antragsteller nach Widerspruch und in dessen Erwiderung stellt, wie folgt aus:

- die EV wird bestätigt
- der Antragsgegner trägt auch die weiteren Kosten des Verfahrens.[62]

Die Kostenfestsetzung nach ergangener Entscheidung kann (unabhängig von einem Widerspruch) wie folgt beantragt werden:

... beantrage ich die Kosten wie folgt festzusetzen und mit 5 Prozentpunkten über dem Basiszins ab Antragsstellung für verzinslich zu erklären:

Gerichtliche Kosten *EV*	
Gegenstandswert: 20000,– €	
1,3 Verfahrensgebühr	964,60 €
./. 1/2 Geschäftsgebühr	– 445,20 €
Postpauschale	20,00 €
Summe	539,40 €
Gerichtsvollzieher Zustellkosten	17,00 €
Insgesamt:	556,40 €

Der Kläger ist zum Vorsteuerabzug berechtigt.

Dies bedarf näherer Erläuterungen:

Die Kosten der Abmahnung und der vorgerichtlichen Tätigkeit sind nicht im Kostenfestsetzungsverfahren festzusetzen. Diese Kosten dienen nicht der Prozessvorbereitung und können deshalb nicht Gegenstand des Kostenfestsetzungsverfahrens sein. Eine vorgerichtliche Geschäftsgebühr ist aber auch dann teilweise auf eine Verfahrensgebühr anzurechnen, wenn diese nicht im Kostenfestsetzungsverfahren berücksichtigt werden kann.[63]

---

62 Der Antrag muss nicht gestellt werden, weil das Gericht über die Kosten ohnehin entscheiden muss; für die mündliche Verhandlung fällt eine Terminsgebühr aus 3103 VV RVG an; wird auch Einstellung der Zwangsvollstreckung beantragt, so entsteht die 0,5 Verfahrens-Gebühr aus 3328 bzw. die 0,5 Terminsgebühr aus 3332 VV RVG: Musielak-Lackmann, § 707 Rdnr. 15.

63 BGH, Urt. v. 14. 8. 2008 – I ZB 103/07; BGH, Urt. v. 22. 1. 2008 – VIII ZB 57/07 = NJW 2008, 1323.

Soweit keine Festsetzung erfolgen kann, kann der Differenzbetrag gesondert gerichtlich geltend gemacht werden, etwa als weiterer Antrag im Hauptsacheverfahren.[64]

Die Vorbemerkung 3 Abs. 4 VV RVG wird so verstanden, dass eine entsprechende Geschäftsgebühr, die denselben Gegenstand betrifft, auf die spätere Verfahrensgebühr auch dann anzurechnen ist, wenn die Geschäftsgebühr nicht im Kostenfestsetzungsverfahren nach §§ 103, 104 ZPO berücksichtigt werden kann.[65]

Gegen einen Kostenfestsetzungsbeschluss kann innerhalb von zwei Wochen sofortige Beschwerde eingelegt werden; § 567 ff. ZPO.

---

64 BGH, Urt. v. 18.4.2013 – III ZR 156/12.
65 Vgl. Fn. 60.

VI. Die abweisende Entscheidung

Der Antrag auf Erlass einer Einstweiligen Verfügung kann aus vielen Gründen abgewiesen werden:

- es fehlt ein Verfügungsanspruch oder
- Verfügungsgrund (die vorläufige Regelung muss dringlich sein);
- es fehlt an der Glaubhaftmachung von Verfügungsanspruch oder Verfügungsgrund;
- die Einstweilige Verfügung würde endgültige Regelung schaffen und die Hauptsacheentscheidung vorwegnehmen;
- der Antragsteller war längere Zeit untätig, obwohl er den Verursacher/ Antragsgegner kennt oder grobfahrlässig nicht kennt.

1. Grundsätzliches

Bei einer abweisenden Entscheidung sind die Sanktionen nicht so streng wie bei einem abweisenden Urteil im Hauptverfahren. Dies liegt an der fehlenden (unbeschränkten) Rechtskraft und den nur eingeschränkten Bindungswirkungen von Entscheidungen im Verfügungsverfahren.

Ohne mündliche Verhandlung wird die Einstweilige Verfügung als Beschluss erlassen oder abgewiesen; § 922 ZPO.

Nach mündlicher Verhandlung wird eine beantragte Einstweilige Verfügung im Urteilsverfahren abgewiesen.

2. Muster

→ Beschluss (ohne mündliche Verhandlung)

erlässt das Landgericht München I, ... folgenden

Beschluss

1. Der Antrag auf Erlass einer Einstweiligen Verfügung wird zurückgewiesen.
2. Der Antragsteller hat die Kosten des Verfahrens zu tragen.
3. Der Streitwert wird auf 20000,– € festgesetzt.

→ **Urteil (nach mündlicher Verhandlung)**

Urteil

1. Der Antrag auf Erlass einer Einstweiligen Verfügung wird zurückgewiesen.
2. Der Antragsteller hat die Kosten des Verfahrens zu tragen.
3. Der Streitwert wird auf 20 000,– € festgesetzt.

3. Anmerkungen

Die Unterscheide zeigen sich nur ausnahmsweise im Streitwert.[66] Sie zeigen sich vor allen darin, dass die Rechtsmittel hiergegen unterschiedlich sind.

66 Hierzu insbesondere: Köhler in KBF § 12 Rdnr. 5.1.

VII. Rechtsschutz gegen abweisende Entscheidungen

1. Grundsätzliches

Wird der Antrag auf Erlass einer Einstweiligen Verfügung nach § 922 Abs. 3 ZPO – ohne mündliche Verhandlung – zurückgewiesen, so kann der Antragsteller sofortige Beschwerde nach § 567 Abs. 1 ZPO erheben.

Wird eine beantragte Einstweilige Verfügung **nach mündlicher Verhandlung** im Urteilsverfahren abgewiesen, so kann unter den allgemeinen Voraussetzungen Berufung eingelegt werden.

Gegen Urteile des LG als 2. Instanz oder des OLG findet kein Rechtsmittel statt, insbesondere ist die Revision unstatthaft; § 542 Abs. 2 ZPO.

Auch findet analog § 542 Abs. 2 Satz 1 ZPO keine Rechtsbeschwerde statt.[67]

Nach § 920 Abs. 3 ZPO kann das Arrestgesuch bzw. der Antrag auf Erlass einer Einstweiligen Verfügung auch vor der Geschäftsstelle zu Protokoll erklärt werden. Gleiches gilt für eine sofortige Beschwerde; § 569 Abs. 3 Nr. 1 ZPO. Dies i. V. m. § 78 Abs. 5 ZPO führt dazu, dass kein Anwaltszwang vorliegt, bis mündlich verhandelt wird. In diesem Fall besteht beim LG und OLG Anwaltszwang nach § 78 Abs. 1 ZPO.[68] Präklusion wie im Hauptsacheverfahren gibt es bei der Einstweiligen Verfügung grundsätzlich nicht.[69]

1. Fall: das Gericht entscheidet durch Beschluss

Das Gericht kann einen Antrag auf Erlass einer Einstweiligen Verfügung ohne mündliche Verhandlung durch Beschluss abweisen; § 937 Abs. 2 ZPO. Eine Begründung ist hier erforderlich.

Rechtsbehelfe (wie vorstehend):

- des Antragstellers (bei Ablehnung): sofortige Beschwerde
- des Antraggegners (bei Erlass): Widerspruch

2. Fall: das Gericht entscheidet durch Urteil

Dies setzt die Durchführung einer mündlichen Verhandlung voraus. Eine solche wird das Gericht ansetzen, wenn der Antrag noch nicht schlüssig ist oder die Voraussetzungen auf Erlass einer Einstweiligen Verfügung nicht zweifelhaft sind.

---

67 BGH, NJW 2003,1531; Köhler in KBF § 12 Rdnr. 3.38.

68 Musielak-Weth, § 78 Rdnr. 31; OLG Karlsruhe, GRUR 1993, 687.

69 Schote/Lührig, WRP 2008, 1281.

Rechtsbehelfe (wie vorstehend):
- des Antragstellers (bei Zurückweisung): Berufung
- des Antraggegners (bei Erlass): Berufung

2. Muster

→ **Rechtsbehelfe (gegen einen Beschluss):**

– des Antragstellers (bei Ablehnung): sofortige Beschwerde:

gegen den Beschluss des LG München I, AZ. ..., vom ..., zugestellt am ..., lege ich hiermit

sofortige Beschwerde

ein und beantrage, diesen aufzuheben sowie dem Antrag auf Erlass einer Einstweiligen Anordnung vom ... (Antrag vorsorglich wiederholen) stattzugeben.

– des Antragstellers (bei Erlass durch Urteil): Berufung

gegen das Urteil des LG München I, AZ. ..., vom ..., zugestellt am ..., lege ich hiermit

Berufung ein.

Mit der Berufung wird beantragt: Das Urteil ... aufzuheben und dem Antrag auf Erlass einer Einstweiligen Anordnung vom ... (wiederholen) abzuweisen.

3. Anmerkungen

Für die sofortige Beschwerde besteht kein Anwaltszwang, anders für die Berufung (s. o.).

VIII. Das Abschlussschreiben

Um ein langwieriges und aufwendiges Hauptsacheverfahren zu vermeiden, wird nach Erlass einer Einstweiligen Verfügung die Gegenseite aufgefordert, eine Abschlusserklärung abzugeben.

Dies ist verständlich, denn eine Einstweilige Verfügung besitzt keine (umfassende) Rechtskraft (s. o.) und kann jederzeit durch Widerspruch angegriffen werden.

1. Grundsätzliches

Für den Antragsteller und Kläger wird durch das Abschlussschreiben Klarheit erzielt, ob noch Hauptsacheklage eingereicht werden muss oder die Einstweilige Verfügung in Verbindung mit der Abschlusserklärung dem gleichkommt.

Der Antragsgegner und Beklagte erhält durch Abgabe der Abschlusserklärung die Möglichkeit, die Auseinandersetzung wirklich zu beenden.

Ähnlich einer Abmahnung kann der Gegner bei unmittelbarer Erhebung der Hauptsacheklage sofort anerkennen und so die Kostenlast auf den Kläger verlagern; § 93 ZPO.

Inhaltlich wird der Gegner aufgefordert, innerhalb von wenigen Wochen eine Abschlusserklärung abzugeben, auf alle Rechtsmittel zu verzichten und die Einstweilige Verfügung als endgültige Entscheidung anzuerkennen. Erforderlich ist auch, darauf hinzuweisen, dass nach Fristablauf eine Hauptsacheklage erfolgen werde. Ebenso kann der Gegner aufgefordert werden, die Kosten des Abschlussschreibens zu tragen.

Die Rechtsprechung verlangt Fristen von vier Wochen nach Zustellung der Einstweiligen Verfügung und zwei Wochen nach Zugang des Abschlussschreibens.[70]

Nachdem in einer Abmahnung kürzere Fristen möglich sind, ist diese Rechtsprechung jedoch wenig einleuchtend; grundsätzlich sind Fristen von zehn Tagen nach Zugang des Abschlussschreibens angemessen. Das Abschlussschreiben braucht nicht begründet zu werden.[71]

70 KG, WRP 1989, 659,661; zum Zugang: Piper-Sosnitza § 12 Rn 185.

71 Köhler in KBF § 12 Rdnr. 3.73.

Grundsätzlich muss das Abschlussschreiben auch zugehen.[72] Insoweit ist hier jedoch die Rechtsprechung entsprechend der Abmahnung heranzuziehen:

Für die Frage der Kostentragung nach § 93 ZPO (bei sofortigem Anerkenntnis) gelten besondere Regeln: Hier muss der Beklagte darlegen und notfalls belegen, er habe keinen Anlass zur Klage gegeben. Der detaillierte Vortrag der Versendung reicht daher im Ergebnis aus.[73]

Ausreichend ist i. d. R. die Übersendung per Fax (Protokoll aufbewahren!) und zugleich per Brief (wenn möglich sogar noch per E-Mail).

Ob die Einschaltung eines Anwalts erforderlich war, ist wie bei der Abmahnung zu entscheiden.

Auch mit eigener Rechtsabteilung darf ein Unternehmen einen Anwalt einschalten und die Kosten bei der Gegenseite geltend machen.[74] Anspruchsgrundlage ist die Heranziehung der Grundsätze nach §§ 677, 683, 670, Geschäftsführung ohne Auftrag.[75] Die Geschäftsgebühr ist auf der Grundlage von Nr. 2300 RVG VV zu berechnen.[76]

Auch hier darf sich ein Anwalt wie sonst selber vertreten, ohne dass hiermit Nachteile verbunden sind; § 91 Abs. 2 Satz 3 ZPO (Kosten in eigener Sache) ist analog anzuwenden. Wenn der Anwalt im Prozess die gleichen Kosten erhält, dann erst recht außergerichtlich.[77] Grenzen gibt es nur bei Rechtsmissbrauch, was jedoch bei Wettbewerbsverstößen von einigem Gewicht ausscheiden muss, sofern nicht widersprüchliches Verhalten vorliegt.

Mit Abgabe der Abschlusserklärung entfällt das Rechtsschutzbedürfnis für eine Hauptsacheklage.[78] Die Abgabe per Telefax wird zum Teil nicht für ausreichend erachtet; insoweit besteht jedoch die Obliegenheit, den Gegner auf nochmalige Abgabe im Postweg aufzufordern.[79] Richtigerweise reicht ein Telefax jedoch aus, sofern das übermittelte Fax unterschrieben ist.

---

72 Köhler in KBF § 12 Rdnr. 3.76.

73 BGH, GRUR 2007, 629; Bornkamm in KBF § 12 Rdnr. 1.40 ff.

74 Bornkamm in KBF § 12 Rdnr. 1.94 und 196, eher ablehnend KBF-Köhler § 12 Rdnr. 3.73b.

75 BGH, Urt. v. 30. 6. 2011 – I ZR 157/10; KBF-Köhler § 12 Rdnr. 3.73.

76 BGH, Urt. v. 4. 2. 2010 – I ZR 30/08.

77 Umstritten: für ganz einfache Sachverhalte keine Kostentragung: BGH, GRUR 2004, 789.

78 BGH, GRUR 1991, 76,77; Köhler in KBF § 12 Rdnr. 3.77.

79 Musielak-Wolst, § 93 Rdnr. 10.

2. Muster

→ Wettbewerbssache

LG München 33 O 14507/18 vom 21.8.2018

Hier: Abschlussschreiben

Sehr geehrte Frau ...

Sie werben weiterhin im Internet damit, dass Sie als Rechtsagent rechtlich beraten. Hierbei wird der Justizpalast München abgebildet und der Begriff Rechtsagent in Paragrafenzeichen gesetzt. Die rechtliche Beratung auch außergerichtlich ist jedoch grundsätzlich Rechtsanwälten vorbehalten. Hierzu gehören Sie nicht.

Mit der Werbung

– Rechtsagent, Beratung in vielen Problemfällen in Verbindung mit der Abbildung des Justizpalastes und von Paragrafenzeichen

verstoßen Sie jedoch gegen geltendes Recht.

Insoweit wurden Sie vergeblich außergerichtlich abgemahnt.

Inzwischen ist eine Einstweilige Verfügung erlassen worden, wonach Ihnen die Werbung untersagt ist. Diese Einstweilige Verfügung vom 21.8.2018 ist Ihnen inzwischen zugestellt worden. Kopie füge ich nochmals bei.

Ich habe Sie aufzufordern, diese Entscheidung als endgültig anzuerkennen und auf jedwede Rechtsmittel (§§ 924 Widerspruch, 926 Fristsetzung zur Klageerhebung, 927 ZPO Aufhebung wegen veränderter Umstände) zu verzichten.

Ebenso haben Sie die Kosten meiner Tätigkeit zu tragen wie folgt:

Außergerichtlich

1. Abmahnung:

Gegenstandswert: 20000,– €

1,3 Geschäftsgebühr VV 2400 § 13 RVG	904,80 €
Postpauschale VV 7002 § 13 RVG	20,00 €
Summe	924,80 €

2. Das vorliegende Abschlussschreiben:

Gegenstandswert: 20 000,– €

1,3 Geschäftsgebühr VV 2400 § 13 RVG	904,80 €
Postpauschale VV 7002 § 13 RVG	20,00 €
Summe	924,80 €
Insgesamt	1849,60 €

Zum Ausgleich erlaube ich mir, Frist zum 31.8.2018 zu setzen.

Mit freundlichen Grüßen

(Unterschrift)
Rechtsanwalt

3. Anmerkungen

Die Kosten des Abschlussschreibens muss der Gegner nach GoA-Grundsätzen bzw. in Analogie zu § 12 Abs. 1 Satz 1 UWG erstatten. Diese sind keine Kosten des Verfügungsverfahrens und können nicht im Kostenfestsetzungsverfahren des Verfügungsverfahrens festgesetzt werden. Hat sich der Gegner jedoch bereits vor Absendung des Verfügungsverfahrens strafbewehrt unterworfen, ist das Abschlussschreiben nicht mehr erforderlich und die Kosten hierfür können nicht verlangt werden.[80]

Um eine Einstweilige Verfügung einem Hauptsacheurteil gleichzustellen, muss der Gegner aufgefordert werden, auf die Rechtsmittel aus den §§ 924, 926, 927 ZPO zu verzichten. Liegt bereits ein Urteil vor, so hat dieser auch auf Berufung zu verzichten. Der Gegner ist jedoch berechtigt, die Abschlusserklärung einschränkend abzugeben:

Auf § 927 ZPO wird nur insoweit verzichtet, als auch bei einem Hauptsacheurteil veränderte Umstände zu einer Aufhebung berechtigen würden. Diese Einschränkung muss der Antragsteller jedoch nicht von sich aus ausformulieren; die Einschränkung des Gegners ist auch keine Annahme unter Änderungen nach § 150 Abs. 2 BGB, sondern nur eine Klarstellung und Präzisierung.

80 Köhler in KBF § 12 Rdnr. 3.73.

Gibt der Gegner die Abschlusserklärung ab, verbunden mit der Erklärung, nicht bereit zu sein, die Kosten des Abschlussschreibens zu tragen, so fehlt das Rechtsschutzbedürfnis für eine Hauptsacheklage, die Abschlusserklärung ist insofern ausreichend, der Berechtigte muss dann jedoch seine Forderung nach allgemeinen Grundsätzen einklagen. I. d.R. kann Zahlung und nicht nur Freistellung verlangt werden, auch wenn der Abmahnende seinen Rechtsanwalt noch nicht bezahlt hat.[81]

Hinweis:

Da die zugegangene Abschlusserklärung einen Vertrag zur Folge hat, sollte bei Änderungen, die der Empfänger einfügt, gut überlegt werden, ob diese schriftlich bestätigt werden; § 150 Abs. 2 BGB, oder nochmals der Gegner aufgefordert werden soll (2. Abschlussschreiben), die Annahme uneingeschränkt und ohne Änderungen zu erklären. Die „Änderung", die Kosten nicht zu übernehmen, stellt keine Ablehnung des Antrags verbunden mit einem neuen Antrag dar, sondern führt zu einer materiellen Erledigung. Insoweit greift § 151 BGB ein.

Streitwert des Abschlussschreibens ist der Streitwert des der Hauptsache.[82]

Umsatzsteuer kann nicht verlangt werden, wenn der Mandant zum Vorsteuerabzug berechtigt ist.

Unschädlich ist es auch, wenn die Kosten des Verfügungsverfahrens noch aufgenommen werden:

Gerichtliche Kosten der Einstweiligen Verfügung

Gegenstandswert: 20000,– €	
1,3 Verfahrensgebühr	964,60 €
./. 1/2 Geschäftsgebühr	– 445,20 €
Postpauschale	20,00 €
Summe	539,40 €
Gerichtsvollzieher Zustellkosten	17,00 €
Insgesamt:	556,40 €

81 OLG Frankfurt, Urt. v. 23. 8. 2011 – 6 U 49/11.

82 Zum Streitwert s. o.

Unschädlich ist es auch, zusätzlich eine Einigungsgebühr anzusetzen, da tatsächlich mit der Annahme des Abschlussschreibens eine Einigung erfolgt. Nachdem das Verfügungsverfahren abgeschlossen ist und hier eine Einigungsgebühr nicht festgesetzt werden kann, kann diese Gebühr mit einem Satz von 1,5 im Abschlussschreiben für den Fall der Annahme verlangt werden.

Kosten des Abschlussschreibens gehören nicht zu den Prozesskosten nach § 91 ZPO.[83] Diese sind, wenn es zum Hauptsacheverfahren kommt, neben dem Hauptsacheanspruch (Unterlassungsanspruch) zusätzlich einzuklagen. Der Streitwert wird hierdurch nicht erhöht.[84]

Eine Kürzung der Verfahrensgebühr ist nurmehr ausnahmsweise veranlasst, diese kann grundsätzlich in voller Höhe geltend gemacht werden.[85]

83 Musielak-Wolst, § 91 Rdnr. 37; BGH NJW-RR 2007, 713 ff.

84 BGH, Urt. v. 9.2.2012 – I ZR 142/11 zu den Abmahnkosten.

85 BGH, Urt. v. 22.6.2011 – I ZR 86/10; vgl. § 15 a RVG; ferner BGH, Urt. v. 22.3.2011 – VI ZR 63/10; BGH, Urt. v. 28.4.2011 – I ZB 61/08.

IX. Die Hauptsacheklage

Eine wettbewerbliche Hauptsacheklage unterscheidet sich wenig von einer Klage außerhalb des Wettbewerbsrechts. Gleichwohl bestehen einige Besonderheiten.

Ohne vorangegangenes Abschlussverfahren (s. o.) kann der Beklagte sofort anerkennen und der Kläger trägt die Kosten des Verfahrens.[86] Nachdem die Kosten von Abmahnung und Abschlussschreiben nicht zu den Prozesskosten[87] gehören, sind diese Ansprüche neben dem Hauptsacheanspruch (z. B. auf Unterlassung) geltend zu machen.

1. Grundsätzliches

Hauptsacheklage wird üblicherweise erst nach ergebnislosem Abschlussverfahren erhoben. Nachdem in beiden Verfahren, dem Verfügungsverfahren und dem Hauptsacheverfahren, unterschiedliche Streitgegenstände bestehen, steht die Rechtshängigkeit in einer Sache (z. B. dem Hauptsacheverfahren) der Rechtshängigkeit in der anderen Sache (z. B. Verfügungsverfahren) nicht entgegen. Innerhalb eines Verfahrens kann ein Gericht nur über den Streitgegenstand entscheiden. So liegt ein Verstoß gegen § 308 Abs. 1 ZPO vor, wenn das Gericht einen anderen Klagegrund zu Grunde legt als denjenigen, mit dem der Kläger seinen Anspruch begründet hat (BGH v. 5. 10. 2017, I ZR 184/16)

Wurde sogleich Hauptsacheklage erhoben und erkennt der Beklagte die Ansprüche nicht an, so kann parallel eine Einstweilige Verfügung beantragt werden. Natürlich müssen dann auch hierfür die allgemeinen Voraussetzungen noch bestehen, insbesondere die Dringlichkeit.

---

86 Musielak-Wolst, § 91 Rdnr. 37.

87 Musielak-Wolst, § 91 Rdnr. 36,27; BGH NJW-RR 2007, 856 (zur Abmahnung); BGH NJW-RR 2007, 713 ff. (zum Abschlussschreiben); Schneider in Prütting/Gehrlein, ZPO, § 9 Rdnr. 13.

2. Muster

→ **Hauptsacheklage**

nach vorangegangener Einstweiliger Verfügung *(AZ der Einstweiligen Verfügung 33 O 14507/18)*

des

RA A, (Anschrift) – *Kläger* –

Prozessbevollmächtigter: ... (Anschrift)

gegen

Frau B, (Anschrift) – *Beklagte* –

Prozessbevollmächtigter: offen

wegen Wettbewerbsrecht

erhebe ich Klage mit dem **Antrag**, für Recht zu erkennen:

1. Der Beklagten wird bei Meidung eines

– Ordnungsgeldes von 5,– € bis zu 250000,– €, an dessen Stelle im Falle der Uneinbringlichkeit eine Ordnungshaft bis zu sechs Monaten tritt, oder

– einer Ordnungshaft bis zu sechs Monaten

für jeden einzelnen Fall der Zuwiderhandlung verboten,

im geschäftlichen Verkehr im Internet mit Rechtsberatungsleistungen zu werben, insbesondere, wenn dies unter Abbildung des Münchner Justizpalastes und von Paragrafenzeichen und mit dem Hinweis auf Beratungsleistungen als „Rechtsagent" erfolgt.

2. Die Beklagte wird verurteilt an den Kläger (die Kosten für Abmahnung und Abschlussschreiben in Höhe von) 2579,40 € nebst Verzugszinsen von 5 Prozentpunkten über dem Basiszins aus diesem Betrag ab 29. 8. 2018 zu zahlen.

3. Die Beklagte trägt die Kosten des Verfahrens.

4. Dem Kläger wird für die gestellten Anträge Prozesskostenhilfe gewährt unter Beiordnung des Unterzeichners.

Streitwert: 20000,– €

Begründung:

1. Vorangegangenes Verfügungsverfahren

Der Klage ist ein Verfahren auf Erlass einer Einstweiligen Verfügung vorangegangen, in dem durch Einstweilige Verfügung dem Antrag zu Ziffer 1 am 21.8.2018 stattgegeben wurde.

Beweis: Beiziehung der Akten 33 O 14507/18

Der Beschluss wurde am 27.8.2018 zugestellt.

2. Keine Abschlusserklärung

Mit Abschlussschreiben vom 22.8.2018 wurde die Beklagte aufgefordert, diese Entscheidung als endgültig anzuerkennen und auf jedwede Rechtsmittel (§§ 924 ZPO Widerspruch, 926 Fristsetzung zur Klageerhebung, 927 ZPO Aufhebung wegen veränderter Umstände) zu verzichten.

Beweis: Vorlage des Abschlussschreibens vom 22.8.2018 als Anlage 1

Hierauf ist keine Reaktion erfolgt.

Mit Schreiben vom 1.9.2018 wurde die Beklagte daher ein zweites Mal wie vorstehend aufgefordert (2. Abschlussschreiben).

Auch hierauf ist keine Reaktion erfolgt.

Beweis: Vorlage des 2. Abschlussschreibens vom 1.9.2018 als Anlage 2

Die hierin gesetzte Frist zum 28.9.2018 ist ergebnislos abgelaufen, die Beklagte hat bis heute nicht reagiert, und es ist zu erwarten, dass die Beklagte der Aufforderung nicht nachkommen wird.

Damit ist Klage geboten.

3. Klageantrag zu 1

Vorsorglich ist der Klageantrag zu 1 zu begründen wie folgt:

(wie bisher)

Nach Erlass der Einstweiligen Verfügung hat die Beklagte die unzulässige Werbung auch nicht eingestellt.[88]

Bis heute ist sie unter dem Begriff „Rechtsagent B" im Internet mit Anschrift und Telefonnummer zu finden.

Beweis: Ausdruck Google als Anlage 3

Letztlich kommt es hierauf jedoch nicht an, da die Wiederholungsgefahr nicht bereits durch Erlass der Einstweiligen Verfügung ausgeräumt wird. Diese gewährt nur vorläufigen Rechtsschutz und ersetzt ein Hauptsacheverfahren nicht, wenn keine Abschlusserklärung abgegeben wird.

Nachdem es die Beklagte nachhaltig abgelehnt hat, auf die beiden Abschlussschreiben eine Abschlusserklärung abzugeben, ist davon auszugehen, dass der Wettbewerbsverstoß fortgesetzt werden soll.

4. Kosten der Abmahnung und des Abschlussschreibens (Antrag zu 2.)

Die Beklagte hat auch die Kosten der Abmahnung und der Abschlusserklärung wie folgt zu tragen.

(wie vorstehend)

Die Beklagte ist zur Kostentragung nach § 12 Abs. 1 Satz 2 UWG verpflichtet.

Nachdem diese Kosten auch nicht im Kostenfestsetzungsverfahren der Einstweiligen Verfügung festgesetzt werden können, fehlt auch nicht das Rechtsschutzbedürfnis, diese im Rahmen der Hauptsacheklage zu verlangen.

Die Gegenstandswerte der Gebühren entsprechen dem Hauptsacheverfahren.

Da der Kläger zum Vorsteuerabzug berechtigt ist, wurden die Nettobeträge angesetzt.

Frist für die Zahlungsansprüche wurde außergerichtlich auf den 8.9.2018 gesetzt.

Zur PKH füge ich das Formblatt mit Anlagen für das Gericht bei.

88 Dies ist an sich nicht notwendig; wäre eingestellt worden, könnte ohne Abschlusserklärung weiterhin Hauptsacheklage erhoben werden.

3. Anmerkungen

Eine Hauptsacheklage unterliegt hier wieder ihren eigenen Regeln. Wegen des hohen Streitwertes sollte auch geprüft werden, ob Prozesskostenhilfe beantragt werden kann. Die Hauptsacheklage kann auch verbunden werden mit weiteren Anträgen auf Schadensersatz oder Veröffentlichung des Urteils.[89]

89 Ausführlich Köhler in KBF § 12 Rdnr. 3.78 und 4.1.

X. Die Vollstreckung Einstweiliger Verfügungen

Eine erlassene Einstweilige Verfügung wird zunächst durch Zustellung (innerhalb der Monatsfrist) vollzogen. Der Sache nach sind dann nur die entstandenen Kosten zu vollstrecken. Dies geschieht dadurch, dass der vollstreckbare Kostenfestsetzungsbeschluss dem Gerichtsvollzieher mit einem entsprechenden Auftrag nach Formblatt übergeben wird.

1. Muster

→ Zwangsvollstreckung

Gerichtsvollzieher-Verteilerstelle
Infanteriestr. 5 *(Datum)*
80325 München

Auftrag zur Zwangsvollstreckung

Titel: Vollstreckungsbescheid LG München I AZ 33 O 14507/18 vom 8.9.2018

In Sachen

RA A – Gläubiger –
gegen
Frau B *(Anschrift)* – Schuldner –

beantrage ich die Zwangsvollstreckung aufgrund des obigen vollstreckbaren Titels über die Kosten von

254,20 €

nebst 5 Prozentpunkte über dem Basiszins aus 239,70 € seit 25.8.2018
nebst 5 Prozentpunkte über dem Basiszins aus 14,50 € seit 2.9.2018

sowie der Kosten der Zwangsvollstreckung

0,3 Verfahrensgebühr aus 254,20 €, VV 3309 RVG	10,00 €
Postpauschale VV 7002 RVG	2,00 €
Zwischensumme	*12,00 €*
19 % MWSt	2,28 €
Summe	14,28 €

durchzuführen.

Umfasst ist die Zwangsvollstreckung in das bewegliche Vermögen und, für den Fall der Ergebnislosigkeit der Pfändung, die Bestimmung eines Termins zur Abgabe der eidesstattlichen Versicherung nach §§ 807, 899 ZPO.

Original des Titels füge ich bei.

Zahlungen sind bis heute nicht geleistet worden.

Für den Fall, dass die Abgabe der eidesstattlichen Versicherung grundlos verweigert wird oder der anberaumte Termin ohne hinreichende Entschuldigung nicht wahrgenommen wird, wird der Erlass eines

Haftbefehls

beantragt und um Übersendung gebeten.

2. Anmerkungen

Eine Vollstreckung des Unterlassungsanspruches ist nach §§ 936, 929 ZPO ohne Klausel und vor der Zustellung möglich. I. d.R. wird Ordnungsgeldantrag nach § 890 ZPO gestellt.

Im Falle unberechtigten Vollzuges kommt eine Haftung nach § 945 ZPO in Betracht.[90]

Eine besondere Art der Vollziehung ist auch die neben der sonstigen Vollziehung mögliche Urteilsveröffentlichung nach § 12 Abs. 3 UWG[91] und § 7 UKlG bei Hauptsacheklagen auf Unterlassung, wenn dies beantragt wird und ein berechtigtes Interesse hieran besteht.

90 Ausführlich Köhler in KBF § 12 Rdnr. 3.78: Sosnitza § 12 Rn 191.

91 Ausführlich Köhler in KBF § 12 Rdnr. 4.1.

XI. Abmahnung und Einstweilige Verfügung bei Verletzungen des allgemeinen Persönlichkeitsrechts

Bei der Verletzung des Allgemeinen Persönlichkeitsrechts bestehen einige Besonderheiten:

- Eine Abmahnung ist zwar zulässig und oft sinnvoll, aber nicht immer zwingend erforderlich;
- im Hauptsacheverfahren kommt die Geltendmachung von Schmerzensgeld in Betracht.

1. Allgemeines

Anspruchsgrundlage für Rechtsschutz wegen Verletzung des Persönlichkeitsrechts sind die §§ 823, 823 Abs. 2 i. V. m. strafrechtlichen Delikten wie Beleidigung, üble Nachrede, Verleumdung u. a.

Einzelheiten sind umfassend in den Kommentaren und Handbüchern dargestellt.[92]

Wichtig ist, zwischen Tatsachenbehauptungen und Werturteilen zu unterscheiden. Bei Ersteren kommt auch ein Widerruf in Betracht, i. Ü. kann in beiden Fällen auch durch eine Einstweilige Verfügung Unterlassung verlangt werden.

2. Muster

→ Antrag auf Erlass einer

Einstweiligen Verfügung

namens und im Auftrag von

RA A *– AS/Kläger –*

Prozessbevollmächtigter: RA ...

gegen

B *– AG/Beklagte –*

---

92 Etwa Palandt-Sprau § 823 Rdnr. 83 ff.; Erman-Klass, Anh § 12; PWW-Prütting, § 12 Rdnr. 31; ferner Götting/Schertz/Seitz, Handbuch PersönlichkeitsR, 2008; Sajuntz NJW 2015,595.

Prozessbevollmächtigter: offen

wegen Unterlassung (Verletzung des Persönlichkeitsrechts u. a.)

mit dem **Antrag**, für Recht zu erkennen:

Der Antragsgegnerin wird bei Meidung

- eines Ordnungsgeldes von 5,– € bis zu 250 000,– €, an dessen Stelle im Falle der Uneinbringlichkeit Ordnungshaft bis zu sechs Monaten trifft, oder
- einer Ordnungshaft bis zu sechs Monaten

für jeden einzelnen Fall der Zuwiderhandlung gem. §§ 935, 890 ZPO

wegen besonderer Eilbedürftigkeit ohne mündliche Verhandlung

verboten

gegenüber Dritten, einschließlich gerichtlichen Spruchkörpern in Verfahren, an denen die Antragsgegnerin nicht beteiligt ist, Folgendes mündlich oder schriftlich, wörtlich oder inhaltsgleich zu erklären:

- wegen Betruges kündigte ich A letztendlich alle Mandate
- A hatte sich von der DAS 4200,– € mit falschen Angaben erschlichen
- A sei ein pathologischer Lügner, der den Hals nicht vollkriegen kann
- A hatte mich gebeten, ein falsches Gutachten über das Anwesen in x auszustellen

Streitwert: 5100,– €

Begründung:

Der Antragsteller ist seit x Jahren als Anwalt tätig. Er hat die Antragsgegnerin in der Zeit vom ... bis .... anwaltlich beraten und betreut.

Die Antragsgegnerin erklärte etwa ein Jahr lang, es sei ein glücklicher Umstand, dass sie den Unterzeichner als Anwalt gefunden habe. Sie sei mit der Arbeit sehr zufrieden.

Beweis: Eidesstattliche Versicherung des Unterzeichners als Anlage 1

Ende 2007 hat der Antragsteller einen eingehenden Betrag von 150,– € mit Gebührenrückständen von etwa 16 000,– € verrechnet, worauf die AG verärgert war.

Nachdem die Spannungen zunahmen und auch die offenen Gebühren nicht bezahlt wurden, kündigte der AS das Mandat mit Schreiben vom 2. 1. 2018 aus wichtigem Grund außerordentlich zum 11. 1. 2018.

Glaubhaftmachung: Vorlage der Kündigung als Anlage 2

Die AG hatte in wenigen Jahren bereits etwa 8-mal die Rechtsanwälte gewechselt und der AS wusste aus Verfahren dieser Anwälte, dass die begründeten Gebühren auch im Vollstreckungswege nicht oder nur zum Teil bezahlt wurden und die AG sich wohl erfolgreich der Zwangsvollstreckung widersetzte.

Nach Einleitung eines Gebührenstreits mit der Antragsgegnerin hat diese nun verärgert reagiert und die herabsetzenden Äußerungen verbreitet.

Umgekehrt erlaubt diese Auseinandersetzung nicht, dass die AG *Dritten gegenüber*, Oberlandesgerichten, Landgerichten und Amtsgerichten, in ganz anderen Sachen mit offensichtlich etwa vier bis acht gleichlautenden Schreiben falsche und ehrverletzende Behauptungen verbreitet.

So hat die AG durch Schreiben vom ... an das OLG ..., ehrverletzende und falsche Behauptungen verbreitet.

An diesem Verfahren, ...war die AG gar nicht beteiligt.

Das Gericht wurde angeschrieben, um den AS herabzuwürdigen und um sein Ansehen zu schädigen.

Glaubhaftmachung: Vorlage der übermittelten Unterlagen des OLG München als Anlage 3; eidestattliche Versicherung des AS

Hiernach sind die Beschuldigungen des AG geeignet, den AS herabzuwürdigen.

Die AG wurde deshalb nach Eingang des Hinweisschreibens des OLG München vom ... am ... abgemahnt.

Glaubhaftmachung: Vorlage des Abmahnschreibens als Anlage 4

Falsche Angaben sind insbesondere die falschen Behauptungen:

– wegen Betruges kündigte ich A letztendlich alle Mandate

– A hatte sich von der DAS 4200,– € mit falschen Angaben erschlichen

– A hätte Sie gebeten, ein falsches Gutachten über das Anwesen in x auszustellen

– A sei ein pathologischer Lügner, der den Hals nicht vollkriegen kann

Eine Reaktion der AG ist nicht erfolgt; die Unterlassungserklärung wurde nicht abgegeben.

Es ist daher davon auszugehen, dass die AG ihre Behauptungen fortsetzen wird.

Die Erklärungen der AG verstoßen gegen das Recht auf Ansehen und Persönlichkeit nach § 823 BGB. Zudem liegt hierin eine üble Nachrede, Verleumdung und eine falsche Verdächtigung nach den strafrechtlichen Bestimmungen der §§ 186,187,164 StGB.

Der AS ist als Anwalt darauf bedacht, seinen Ruf bei Gericht und in der Öffentlichkeit positiv auszubauen und kann derartige falsche Anschuldigungen und Verleumdungen nicht hinnehmen.

Zu den Behauptungen kurz Folgendes: ...

In rechtlicher Hinsicht verletzt die AG Ansehen und Ehre sowie den eingerichteten und ausgeübten Gewerbebetrieb, der auch Freiberufler schützt ;§§ 823 Abs. 1, 1004, 823 Abs. 2 BGB i. V. m. 164, 185, 186, 187 ff. StGB, §§ 824, 826 BGB.

(Unterschrift)

Rechtsanwalt

3. Anmerkungen

Äußerungen im Verfahren selber können nicht mit einer Einstweiligen Verfügung beanstandet werden, da sonst um das gleiche Thema mehrere Prozesse geführt werden könnten.[93] Insoweit bleibt nur übrig, bei Äußerungen von Rechtsanwälten ein Standesverfahren bei der RA-Kammer einzuleiten oder Strafanzeige zu erheben. Im vorstehenden Muster wurden die beleidigenden Äußerungen jedoch in anderen Verfahren gemacht, an dem die Antragsgegnerin nicht beteiligt war.

Ehrverletzungen werden im Streitwert grundsätzlich nach § 48 Abs. 2 Satz 1 GKG i. V. m. § 23 Abs. 3 RVG mit 4000,– € bis 5000 € bewertet.[94] Die Umstände und der Umfang der Verletzung können jedoch zu wesentlich höheren Werten führen. Die ehrverletzenden Äußerungen werden nicht getrennt summiert, sondern als Einheit insgesamt bewertet. Wird der Unterlassungs- (oder Widerrufs-)anspruch mit einem Zahlungsanspruch, z. B.

93 Palandt-Sprau, § 823 Rdnr. 104.

94 Musielak-Heinrich, § 3 Rdnr. 26 „Ehrverletzungen“; Zöller-Herget, § 3 ZPO „Ehre“.

Schadensersatz verbunden, ist nur der höhere Wert maßgebend; § 48 Abs. 4 GKG.

Wird die Schmerzensgeldzahlung in das Ermessen des Gerichts gestellt, ist der Anspruch zu schätzen.[95]

4. Typische Wettbewerbsverstöße im neuen UWG

Im Übrigen ist es erforderlich, hier die Fachpresse zu verfolgen, da fast täglich neue Urteile bekannt werden. Auch Urteile zum AGB-Recht sind bedeutsam, da unwirksame Geschäftsbedingungen abgemahnt werden können.

Auch der Gesetzgeber ist nicht untätig. Stichworte sind Telefonwerbung,[96] Widerrufsbelehrung, SPAM-Werbung, etc. Vieles kann hier auf der Internetseite des BMJ nachgelesen werden. Hier finden sich auch umfangreiche Erläuterungen zur UWG-Novelle zur Telefonwerbung[97] und Angaben in der KFZ-Werbung zu Verbrauch und CO_2-Emissionen durch die PWK-EnVKV.

95 Musielak-Heinrich, § 3 Rdnr. 34 „Schadensersatz".

96 Generell zu Werbezusendungen per Fax/Mail etc: BGH, Urt. v. 17. 7. 2008 – I ZR 75/06 und I ZR 197/05.

97 Vgl. den Gesetzentwurf: Maßnahmen gegen Abmahnmissbrauch/Gesetz gegen unseriöse Geschäftspraktiken.

XII. Das Unterlassungsklagengesetz (UKlaG)

1. Unterlassung und Widerruf

1.1 Unterlassungsanspruch

Wenn AGB-Klauseln unwirksam sind, kann der AGB-Verwender auf Unterlassung und der AGB-Empfehler auf Widerruf in Anspruch genommen werden. Die Ansprüche verjähren in drei Jahren vom Zeitpunkt der Kenntnis an (§ 195 BGB). AGB-Empfehler sind vor allem Wirtschaftsverbände und Berufsvereinigungen, die für ihre Mitglieder einheitliche und auf deren Bedürfnisse zugeschnittene AGB aufstellen und zur Verwendung empfehlen. Solche sog. Konditionenempfehlungen müssen zuvor beim Bundeskartellamt in Berlin angemeldet werden. Eine Genehmigung erfolgt von dort aber nicht. Die Anmeldung nach § 22 Abs. 3 GWB bewirkt lediglich, dass die Empfehlung nicht nach § 22 Abs. 1 GWB als Ordnungswidrigkeit verfolgt werden kann.[98]

Die Incoterms sind in diesem Sinne keine Konditionenempfehlung, da sie nicht ein bestimmtes Vertragsmuster empfehlen.[99] Anders z. B. die Konditionenempfehlung der Arbeitsgemeinschaft Zulieferindustrie oder die Neuwagen-Verbandsbedingungen.[100]

In **§ 1 UKlaG** ist bestimmt, dass derjenige, der in AGB Bestimmungen verwendet oder der AGB für den rechtsgeschäftlichen Verkehr empfiehlt, die unter die §§ 307 bis 309 BGB fallen, auf Unterlassung, im Falle des Empfehlens auch auf Widerruf in Anspruch genommen werden kann. Die Konstruktion der Unterlassungsklage ist nicht neu; sie findet eine Parallele in § 13 UWG, wo ebenfalls bestimmten Verbänden – allerdings neben einzelnen betroffenen Gewerbetreibenden – die Befugnis zur Geltendmachung von Unterlassungsansprüchen eingeräumt wird.

Eine Verwendung ist nicht erst dann zu bejahen, wenn die AGB mindestens einem Rechtsgeschäft zugrunde gelegt wurden. Schutzobjekt ist nicht der einzelne Kunde, sondern der Rechtsverkehr, der von unzulässigen Klauselwerken freigehalten werden soll.[101] Schutzobjekt ist weiter der Grundsatz der Vertragsfreiheit, der sich nicht in der bloßen Abschlussfreiheit erschöp-

98 Vgl. hierzu Paetow, DB 1978, 2349; Jarre, DB 1980, 1429; Bunte, BB 1980, 325. Allgemeines zur Verbandsklage: Greger, NJW 2000, 2457; Niebling, MDR 2012, 1071; siehe auch die Kommentierungen zum UklaG in: Niebling, AnwK-AGBR; KBF-Köhler, UKlaG; Prütting-Gehrlein ZPO – Haltmeier.

99 Zu den Incoterms 2000: Piltz, RIW 2000, 485.

100 Küppers, BB 2000, 1310.

101 BGH, Urt. v. 28.1.1981, NJW 1981, 979.

fen soll. Demzufolge ist ein Verwenden schon dann zu bejahen, wenn die betreffenden Klauseln in Verbindung mit Angeboten oder der Aufforderung zur Abgabe von Angeboten im rechtsgeschäftlichen Verkehr gebraucht werden. Daher ist auch das nachträgliche Übersenden von AGB auf einem Rechnungsformular im Rahmen eines bestehenden Vertragsverhältnisses eine Verwendung i. S. v. § 13 Abs. 1, auch wenn sie für dieses konkrete Vertragsverhältnis mangels vorheriger Vereinbarung nicht rechtswirksam werden können.[102] Verwender ist auch der Vertreter eines anderen, der im eigenen Interesse Verträge vermittelt.[103] Auch wer zur Abfassung von Verträgen ein vorgedrucktes, von einem Verlag vertriebenes Formular benutzt, ist „Verwender" des Vertragsformulars i. S. v. § 1 UKlaG; es kommt nicht darauf an, wer das Formular entworfen hat.[104]

Der Widerrufsanspruch soll dazu dienen, dass unwirksame Klauseln schon im Stadium der Empfehlung und nicht erst nach ihrer Verwendung eliminiert werden. Es muss sich jedoch um eine Empfehlung für den rechtsgeschäftlichen Verkehr handeln. Stellungnahmen zu AGB im nicht-rechtsgeschäftlichen Bereich, z. B. in einer wissenschaftlichen Abhandlung, sind nicht angesprochen; sie sollen nach der Gesetzesbegründung nicht erschwert werden. Allerdings sollen nach der Begründung[105] die Verfasser von Formularbüchern erfasst werden; neben den Verbandsempfehlern spielen diese Autoren für die Ausgestaltung des Rechtsverkehrs mit AGB, besonders im gewerblichen Bereich, eine nicht unerhebliche Rolle.

Folgende Probleme sind hervorzuheben:

1.2 Wiederholungsgefahr

Im Verfahren nach dem UKlaG besteht regelmäßig nur dann eine Veranlassung zur Inanspruchnahme gerichtlicher Hilfe, wenn eine vorherige außergerichtliche Abmahnung innerhalb angemessener Frist erfolglos geblieben ist. Verlangt ein Verbraucherverband in seinem Abmahnschreiben, die Verwendung der beanstandeten Klauseln gegenüber allen Kunden zu unterlassen, so liegt insoweit keine ordnungsgemäße Abmahnung vor, als ein solcher Verband für AGB gegenüber Unternehmern keine Zuständigkeit hat.[106] Die Wiederholungsgefahr ist grundsätzlich nur bei Abgabe einer strafbewehrten Unterlassungsverpflichtung ausgeräumt; sie muss daher bei einer nur vagen und unbestimmten Unterlassungserklärung des Verwenders bejaht wer-

102 LG München, Urt. v. 31. 5. 1979, BB 1979, 1789.
103 BGH, Urt. v. 9. 7. 1981, BGHZ 81, 229.
104 BGH, Urt. v. 2. 11. 1983, BGHZ 88, 368.
105 BT-Drs 7/5422 S. 10.
106 OLG München, Urt. v. 24. 11. 1977, Bunte, I zu § 13 Nr. 3.

den.[107] Der Unterlassungsanspruch setzt also stets das Bestehen einer Wiederholungsgefahr voraus.[108] In der erwähnten Entscheidung lässt der BGH auch Ausnahmen von der Forderung nach einer strafbewehrten Unterlassungserklärung zu. Maßgeblich sei, ob der Verwender nach seinem gesamten Verhalten hinreichende Gewähr dafür biete und auch genügend dafür getan habe, dass es zu weiterer Verwendung der beanstandeten unzulässigen AGB nicht mehr komme. An die Beseitigung der Wiederholungsgefahr sind jedoch strenge Anforderungen zu stellen.[109] Eine bestehende Wiederholungsgefahr kann nicht durch die Erklärung des Verwenders beseitigt werden, seine AGB in Zukunft nur mit dem Stempel „Gilt nicht für den Endverbraucher" zu verwenden. Denn zum einen ist die Beschränkung auf Endverbraucher nicht ausreichend, und zum anderen ist mangels Vertragsstrafeversprechen keine Gewähr dafür gegeben, dass der Verwender seine Zusage einhält.[110]

Gibt der Verwender rechtswidriger AGB-Klauseln eine Unterlassungserklärung nur unter Vorbehalt einer aufschiebenden Zeitbestimmung ab (Inanspruchnahme einer sog. Aufbrauchfrist für die bisher verwendeten Formulare), wird die für einen Unterlassungsanspruch erforderliche Wiederholungsgefahr dadurch nicht beseitigt.

Eine vom Verwender abgegebene Unterlassungserklärung kann die Wiederholungsgefahr nur beseitigen, wenn sie nach ihrem Wortlaut nicht von Einschränkungen oder Bedingungen abhängig gemacht wird.[111]

1.3 Reduktion auf zulässigen Inhalt

Auch im Verfahren nach dem UKlaG ist es nicht möglich, Klauseln, die nur zum Teil gegen AGB-Vorschriften verstoßen, mit eingeschränktem Inhalt aufrechtzuerhalten.[112] Im Unterlassungsverfahren nach §§ 1 ff. UKlaG ist bei der Auslegung der beanstandeten Klausel davon auszugehen, wie ein rechtlich nicht vorgebildeter Durchschnittskunde die Klausel verstehen muss oder zumindest kann.[113] Bei Mehrdeutigkeit einer Klausel ist die dem

---

107 BGH, Urt. v. 10.12.1980, NJW 1981, 867; BGH, ZIP 1996, 462 (Einzugsermächtigung); vgl. auch BGH, NJW RR 2001, 485.

108 BGH, Urt. v. 9.7.1981, NJW 1981, 2412 = BGHZ 81, 222; OLG Karlsruhe, NJW-RR 2003, 778; OLG Brandenburg, ZMR 2004, 743; Palandt-Grüneberg, § 1 UKlaG Rdnr. 6.

109 BGH, Urt. v. 27.1.1983, NJW 1983, 2026 = BB 1983, 1120.

110 OLG Stuttgart, Urt. v. 29.3.1985, Bunte, VI zu § 13 Nr. 3.

111 BGH, Urt. v. 7.6.1982, DB 1982, 1981.

112 BGH, Urt. v. 20.1.1983, NJW 1983, 1322 = BB 1983, 527; Niebling, AnwK-AGBR § 1 UKlaG Rn 17.

113 BGH, Urt. v. 28.4.1983, NJW 1983, 1671 = BB 1983, 1877.

Verwender ungünstigste Auslegung zugrunde zu legen.[114] Im Verfahren kann sich der Verwender also nicht auf eine einschränkende Auslegung einer Klausel berufen. Dies würde dem mit der Verbandsklage geltend gemachten Zweck widersprechen.[115] Für die Auslegung im Rahmen des UKlaG ist (wie bisher nach den §§ 13 ff. AGBG) von der Auslegung auszugehen, die zur Unwirksamkeit der Klausel führt (sog. kundenfeindlichste Auslegung).

Wer verurteilt ist, eine Bestimmung in seinen AGB nicht mehr zu verwenden, darf sich auch bei der Abwicklung bereits abgeschlossener Verträge nicht mehr auf diese Bestimmung berufen.[116] Wer im Geschäftsverkehr Briefbögen mit dem Aufdruck „Gerichtsstand X“ (X = Ortsangabe) benutzt, verwendet i. S. des § 1 UKlaG eine unwirksame Gerichtsstandsklausel, weil die Klausel nicht zwischen Aktiv- und Passivprozessen unterscheidet.[117]

1.4 Anderslautende Individualabrede

Wer in AGB eine unwirksame Klausel verwendet, kann auch insoweit auf Unterlassung in Anspruch genommen werden, als im Einzelfall dieser Klausel wegen einer anderslautenden Individualabrede keine Bedeutung zukommt.[118] Für das Verfahren nach dem UKlaG ist unerheblich, ob eine beanstandete Klausel im Einzelfall Vertragsinhalt geworden ist. Für ein solches Verfahren ist zu unterstellen, dass die beanstandete Klausel Vertragsbestandteil geworden ist.[119] Schutzobjekt im Verfahren ist nämlich nicht der einzelne Verbraucher, sondern der Rechtsverkehr, der allgemein von der Verwendung unzulässiger Klauseln freigehalten werden soll.[120]

1.5 Verjährung

Nachdem das UKlaG keine Regelung der Verjährung enthält, gilt grundsätzlich § 195 BGB. Eine Verwirkung findet nicht statt, da die Ansprüche auch im öffentlichen Interesse bestehen. Mit dem (Versuch der Einbeziehung) Vertragslauf beginnt die Verjährungsfrist zu laufen. Bei Empfehlung ist grundsätzlich auf die Kenntnis abzustellen, bei Weiterverwendung – oder Empfehlung – kommt es jedoch nicht zu einer Verjährung. Wegen dem öffentlichen

114 BGH, Urt. v. 6.12.1984, NJW 1985, 855.
115 BGH, Urt. v. 28.11.1979, NJW 1980, 831.
116 BGH, Urt. v. 11.2.1981, BB 1981, 934 = NJW 1981, 1511.
117 BGH, Urt. v. 2.7.1987, BB 1987, 1908.
118 BGH, Urt. v. 28.1.1981, BB 1981, 520; Niebling, AnwK-AGBR§ 1 UKlaG Rn 19.
119 BGH, Urt. v. 25.2.1982, NJW 1982, 1389.
120 BGH, Urt. v. 26.1.1983, NJW 1983, 130 = BB 1983, 524 und BGH, Urt. v. 28.4.1983, NJW 1983, 1853.

Interesse, die Störung des Rechtssachverhalts zu beseitigen, unterliegt der Anspruch nicht der Verwirkung.

2. Klagebefugnis

Der Gesetzgeber hat in § 3 UKlaG entschieden, dass nur qualifizierte Einrichtungen, die in eine Liste nach § 4 UKlaG oder in einem bestimmten Verzeichnis der Europäischen Kommission eingetragen sind, oder rechtsfähige Verbände, nicht aber einzelne Verbraucher zur Erhebung einer AGB-Klage befugt sind. Zu den klagebefugten Verbänden gehören zum einen Verbraucherschutzverbände, zum anderen Verbände zur Förderung gewerblicher Interessen.[121] Dem einzelnen Vertragspartner eines AGB-Verwenders bleibt es jedoch unbenommen, sich in einem normalen Zivilrechtsstreit auf die Unwirksamkeit einer Klausel wegen Verstoßes gegen die §§ 305 ff. BGB zu berufen. Hier kann er sogar Feststellungsklage erheben.[122]

Unter Verbraucherschutzverbänden sind solche Verbände zu verstehen, zu deren satzungsmäßigen Aufgaben es gehört, die Interessen der Verbraucher durch Aufklärung und Beratung wahrzunehmen. Dazu zählen von Gesetzes wegen die Verbraucherzentralen (§ 4 Abs. 2 UKlaG) sowie andere öffentlich geförderte Verbraucherverbände. Die bloße Verankerung dieser Aufgaben in der Satzung allein genügt jedoch nicht; deren tatsächliche Wahrnehmung ist darzulegen und glaubhaft zu machen.[123] Darüber hinaus muss ein solcher Verband entweder weitere in diesem Bereich tätige Verbände oder mindestens 75 natürliche Personen als Mitglieder haben. Zu den Verbänden zur Förderung gewerblicher Interessen gehören auch die in § 3 Abs. 1 Nr. 3 UKlaG angeführten Industrie- und Handelskammern und Handwerkskammern sowie die Architektenkammern, soweit die Voraussetzungen der §§ 3 und 4 UKlaG eingehalten werden.[124]

In § 3 Abs. 2 UKlaG wird die Befugnis der Verbraucherverbände nach Absatz 1 Nr. 1 für bestimmte Bereiche ausgeschlossen. Werden unwirksame AGB gegenüber einem Unternehmer verwendet, so kann der Unterlassungsanspruch wie der Widerrufsanspruch im Falle der Empfehlung zur ausschließlichen Verwendung zwischen Unternehmen von Verbraucherverbänden nicht geltend gemacht werden. Das Recht zur Geltendmachung der Ansprüche steht insoweit nur den Verbänden zur Förderung gewerblicher

121 Z. B. Architektenkammer, BGH, Urt. v. 9. 7. 1981, BGHZ 81, 229.

122 OLG Karlsruhe, Urt. v. 21. 5. 1980, WRP 1980, 640.

123 BGH, GRUR 1973, 78/79.

124 OLG Stuttgart, Urt. v. 14. 3. 1980, NJW 1980, 1583. Auch mehrere Stellen können die Ansprüche weiterverfolgen: Lindacher, ZZP 103, 407.

Interessen sowie den in Absatz 1 Nr. 3 besonders erwähnten Kammern zu, da Verbraucherinteressen hier nicht im Vordergrund stehen.[125]

3. Verfahren und Klageantrag

Auf das AGB-Verfahren sind mit wenigen Ausnahmen die Vorschriften der Zivilprozessordnung und des UWG (§§ 23 a, 23 b, 25) anzuwenden (vgl. § 5 UKlaG). Dies gilt sowohl für das Erkenntnis- als auch das Zwangsvollstreckungsverfahren.[126] Somit ist auch das einstweilige Verfügungsverfahren zur Durchsetzung von Unterlassungsansprüchen nach dem UKlaG zulässig.[127] Eine Anhörung der Datenschutzbehörde im Falle von § 2 UKlag sieht § 12 a UKlaG vor.

Eine wichtige Ausnahme ist die inhaltliche Gestaltung des Klageantrages. Er muss gem. § 8 UKlaG die beanstandeten Bestimmungen in AGB im Wortlaut enthalten und die Art der Geschäfte bezeichnen, für die die Bestimmungen beanstandet werden. Die Bezeichnung der Art der Rechtsgeschäfte, für die die Bestimmungen in AGB beanstandet werden, ist erforderlich, weil durch abstrakt formulierte AGB verschiedenartige Sachverhalte geregelt werden können und eine einzelne Bestimmung nicht für jeden Sachverhalt unangemessen zu sein braucht. Der Klageantrag kann dabei so gestaltet sein, dass die Unterlassung der Verwendung von Bestimmungen in AGB überhaupt oder nur für eine bestimmte Art von Geschäften des Beklagten begehrt wird. Nach welchen Kriterien die Einschränkung zu bestimmen ist, hängt vom Einzelfall ab. So können Bestimmungen in AGB für bestimmte Geschäftszweige des beklagten Verwenders oder für Verträge über bestimmte Leistungen und Produkte unangemessen sein, während sie für andere Zweige oder Verträge desselben Verwenders nicht zu beanstanden sind. Bei der rechtlichen Beurteilung einer angegriffenen Klausel im Verfahren nach dem UKlaG erfolgt eine Konkretisierung lediglich hinsichtlich der Art des Rechtsgeschäfts, für die die Klausel beanstandet wird; nur in diesem Rahmen ist die Zulässigkeit zu prüfen.[128]

Weitere Verfahrensvorschriften: Das Gericht hat vor der Entscheidung über eine Klage nach § 1 UKlaG die Aufsichtsbehörden für das Versicherungswesen oder das Kreditwesen zu hören, wenn deren Branchen-AGB an den AGB-Bestimmungen der §§ 307, 309 BGB zu messen sind (§ 8 Abs. 2

125 OLG München, Beschl. v. 9. 2. 1978, BB 1978, 1183 = WRP 1978, 401; allgemein Greger, NJW 2000, 2457.

126 Hensen, DB 1978, 2207; Drettmann, WRP 1979, 846 ; Niebling, AnwK-AGBR § 5 UKlaG Rn 4.

127 OLG Hamburg, Urt. v. 10. 6. 1981, NJW 1981, 2420.

128 BGH, Urt. v. 27. 1. 1983, NJW 1983, 2026 = BB 1983, 1120.

UKlaG). Entscheidet der Bundesgerichtshof oder der Gemeinsame Senat der Obersten Gerichtshöfe des Bundes entgegen den Urteilen anderer Gerichte, so kann der AGB-Verwender dies im Wege der Klage nach § 767 ZPO geltend machen (§ 10 UKlaG).

Für den Kläger ist es ein Gebot des eigenen Interesses, den Beklagten vor Klageerhebung abzumahnen.[129] Das ergibt sich insbesondere aus § 93 ZPO, wonach der Kläger die Kosten des Rechtsstreits zu tragen hat, wenn der Beklagte keine Veranlassung zur Klage gegeben und den Anspruch sofort anerkannt hat. Das ergibt sich weiter aus den satzungsgemäßen Zwecken der Verbände und Kammern. Die Kosten einer berechtigten Abmahnung kann der Kläger nach den Grundsätzen der Geschäftsführung ohne Auftrag vom Verwender bzw. Empfehler ersetzt verlangen.[130]

Das UKlaG eröffnet nach einer Auffassung kein Verbandsverfahren gegen „Einmalklauseln“. Dies ist jedoch abzulehnen, da auch hierdurch die Mehrfachverwendung indiziert wird und eine Beeinträchtigung des Rechtsverkehrs vorliegt (Niebling NJ 2016, 309, 310).

4. Zuständiges Gericht

Wie bisher, so wird es auch künftig eine gerichtliche Kontrolle beanstandeter AGB geben. Das Landgericht ist weiterhin für Klagen aufgrund des § 1 UKlaG ausschließlich zuständig (vgl. § 6 Abs. 1 UKlaG).

Zuständig ist gem. § 6 Abs. 1 UKlaG dasjenige Landgericht, in dessen Bezirk der Beklagte seine gewerbliche Niederlassung hat. Besitzt er kein Gewerbe, so ist sein Wohnsitz maßgebend. Dieser Regelung liegt der Gedanke zugrunde, dass das Gericht des Bezirks zuständig sein soll, in dem die AGB aufgestellt worden sind oder verwendet werden. Dementsprechend ist auch eine ausschließliche Zuständigkeit vorgesehen. Die Parteien können diese Zuständigkeit nicht durch eine besondere Vereinbarung ändern. Diese ausschließliche Zuständigkeit des Landgerichts wurde auch deshalb vorgesehen, weil AGB-Streitigkeiten vielfach überörtliche und allgemeine sachliche Bedeutung haben und bereits im ersten Rechtszug eine besonders qualifizierte Richterbank zur Verfügung stehen sollte.[131]

Erwähnenswert ist noch, dass gem. § 6 Abs. 2 UKlaG die Landesregierungen ermächtigt werden, zur sachdienlichen Förderung oder schnelleren Erledigung der Verfahren durch Rechtsverordnung einem Landgericht für die

129 OLG Frankfurt, Urt. v. 8.10.1979, WRP 1980, 84.

130 OLG Nürnberg, Urt. v. 25.9.1979, BB 1980, 179; Bunte, DB 1980, 482; Palandt-Grüneberg, § 5 UKlaG Rdnr. 6.

131 Vgl. BT-Drs 7/3919 S. 57.

Bezirke mehrerer Landgerichte Rechtsstreitigkeiten nach dem UKlaG zuzuweisen. Die Landesregierungen können die Ermächtigung durch Rechtsverordnung auf die Landesjustizverwaltungen übertragen.

So ist für Bayern das LG München I, für Hessen das LG Frankfurt, für Mecklenburg-Vorpommern das LG Rostock, für NRW das LG Düsseldorf und für Sachsen das LG Leipzig zuständig.

5. Urteilsformel und Wirkung

Das Gericht bezeichnet in einem AGB-Urteil neben der für unwirksam erklärten AGB-Klausel auch die Art der Rechtsgeschäfte, für die diese Klausel nicht mehr verwendet werden darf. Darüber hinaus enthält das Urteil das Gebot, inhaltsgleiche Bestimmungen in AGB zu unterlassen. Der Verbraucher kann sich in anderen Prozessen auf dieses Urteil berufen (vgl. §§ 9 und 11 UKlaG).[132]

5.1 Urteilsformel

Das Urteil in einem AGB-Verfahren muss gem. § 9 UKlaG folgenden Inhalt haben:

- Wortlaut der beanstandeten Bestimmungen (Nr. 1)
- Art der Rechtsgeschäfte, für die die unzulässig erklärten Klauseln nicht verwendet werden dürfen (Nr. 2)
- das Gebot, die Verwendung inhaltsgleicher Bestimmungen in AGB zu unterlassen (Nr. 3).

Mit dem Gebot, die Verwendung inhaltsgleicher Bestimmungen in AGB zu unterlassen, wird auf eine ähnliche Rechtsprechung zu § 13 UWG zurückgegriffen (Stichwort: Kerntheorie). Die Zwangsvollstreckung aus dem Unterlassungsurteil ist damit nicht nur dann möglich, wenn der verurteilte Verwender die beanstandeten Bestimmungen weiter verwendet. Auch die Verwendung inhaltsgleicher Bestimmungen für die gleiche Art von Rechtsgeschäften soll Zwangsvollstreckungsmaßnahmen gegen den verurteilten Verwender ermöglichen. Im Gebot, die Verwendung der beanstandeten und inhaltsgleichen Bestimmungen in AGB zu unterlassen, ist die Feststellung der Unwirksamkeit dieser Bestimmungen enthalten. Ein Verfahren, bei dem das Gericht zur Einschränkung des Anwendungsbereichs teilweise unwirksame Klauseln durch Zusätze den Wortlaut und Sinn der Klausel ver-

132 Einzelheiten bei Palandt-Grüneberg, § 11 UKlaG Rdnr. 4 ; Niebling, AnwK-AGBR§ 11 UKlaG Rn 1 ff.

ändert, ist nicht mit § 9 UKlaG vereinbar.[133] Die Verwendung einer Klausel, die ihrem Wortlaut nach für verschiedene Arten von Geschäften gilt, ist nur für solche Geschäfte zu untersagen, für die die Bestimmung beanstandet wird.[134] Eine Aufbrauchfrist für vorhandene Flugscheine, die auf unwirksame Flugbeförderungsbedingungen verweisen, kann einem Luftfahrtunternehmen nicht gewährt werden.[135] Ausnahmsweise kann eine Aufbrauchfrist bei Rahmenverträgen gewährt werden, mit denen einheitliche, auf Dauer gerichtete Vertragsverhältnisse begründet werden sollen.[136]

In § 9 Nr. 4 UKlaG findet sich eine Regelung der Urteilsfassung für den Fall, dass der Beklagte zum Widerruf seiner Empfehlung verurteilt wird. In diesem Fall hat das Gericht in der Urteilsformel zu bestimmen, in welcher Weise der Widerruf vom Beklagten zu vollziehen ist.

5.2 Wirkungen des Urteils

Der Kunde eines rechtskräftig verurteilten Verwenders kann sich diesem gegenüber in einem mit ihm geführten Individualprozess auf das Unterlassungsurteil berufen (§ 11 UKlaG).

Voraussetzung ist, dass der Verwender dem Unterlassungsgebot zuwiderhandelt. Dies ist dann der Fall, wenn er die dem Urteil zugrunde liegenden oder inhaltsgleichen Bestimmungen für die im Urteil genannte Art von Rechtsgeschäften gegenüber einem Kunden nach dem Unterlassungsurteil bei Abschluss eines Vertrags verwendet hat. Beruft sich der davon betroffene Vertragsteil auf das Zuwiderhandeln des Verwenders gegen das Unterlassungsgebot, so ist die Bestimmung in den AGB ohne Weiteres als unwirksam anzusehen; eine Überprüfung der Wirksamkeit durch das Gericht findet nicht mehr statt.

Die Breitenwirkung beschränkt sich auf Individualprozesse mit einem verurteilten Verwender. In allen anderen Fällen bleibt es bei dem allgemeinen Grundsatz, dass das Gericht die Wirksamkeit von Bestimmungen in AGB zu prüfen hat.

§ 11 Satz 2 UKlaG korrespondiert mit § 10 UKlaG. Für den Fall, dass der verurteilte Verwender die Vollstreckungsgegenklage erheben könnte, kann sich der betroffene Vertragsteil in seinem Individualprozess mit dem verurteilten Verwender nicht auf die Wirkung des Unterlassungsurteils berufen. Damit wird die Parallele zu § 10 UKlaG gezogen. Liegen die dort genannten

133 BGH, Urt. v. 7.6.1982, NJW 1982, 2311 = BB 1982, 1752.
134 BGH, Urt. v. 31.10.1984, NJW 1985, 320 = BB 1985, 689.
135 BGH, Urt. v. 20.1.1983, NJW 1983, 1322 = BB 1983, 527.
136 OLG Frankfurt, Urt. v. 30.6.1983, BB 1983, 1435.

Voraussetzungen vor (Änderung der Rechtsprechung des BGH), soll der verurteilte Verwender weder durch die drohende Zwangsvollstreckung noch durch die Breitenwirkung des § 11 UKlaG an der Wiederverwendung der Bestimmung gehindert werden.

6. Veröffentlichung

Der Kläger darf das obsiegende Urteil auf Kosten des Beklagten im Bundesanzeiger veröffentlichen (§ 7 UKlaG). Voraussetzung ist ein entsprechender Antrag beim Gericht, das die Befugnis zeitlich begrenzen kann. § 7 UKlaG ist eine Kann-Bestimmung, so dass die Entscheidung über die Veröffentlichungsbefugnis im Ermessen des Gerichts liegt. Ist der Beklagte ein Empfehler, wird dem Antrag wegen des Multiplikationsfaktors solcher Empfehlungen stets stattzugeben sein. Ist der Beklagte ein Verwender, muss er immerhin einen größeren Kundenkreis haben, wenn die Veröffentlichung zugelassen werden soll.[137] Ein Empfehler von AGB kann zur Bekanntmachung des Urteils im Bundesanzeiger auch dann verurteilt werden, wenn nicht er, sondern das Bundeskartellamt die Konditionenempfehlung im Bundesanzeiger veröffentlicht hat.[138] Die Veröffentlichungsbefugnis ist zu versagen, wenn zur Beseitigung der eingetretenen Störung eine interne Mitteilung des Klägers an seine Mitglieder über den Ausgang des Verfahrens ausreicht.[139] Eine Veröffentlichungsbefugnis ist zu gestatten, wenn in Anbetracht des großen Kundenkreises und der bundesweiten Geschäftsaktivitäten des Verwenders nur auf diese Weise die erforderliche Breitenwirkung zu erzielen ist.[140] Veröffentlicht werden die Urteilsformel und die namentliche Bezeichnung des Verwenders oder Empfehlers.

Das Bekanntwerden der Entscheidung ist ein wesentliches Erfordernis für die wirksame Bekämpfung unwirksamer Bestimmungen in AGB. Andernfalls bestünde die Gefahr, dass die mit dem Prüfungsverfahren angestrebte Breitenwirkung nicht erreicht würde. Durch die Bekanntmachung wird die Möglichkeit geschaffen, dass die interessierte Öffentlichkeit von den Entscheidungen Kenntnis erlangt. Beratungsstellen der Verbraucher werden dadurch in die Lage versetzt, die Verbraucher besser zu informieren. Wirtschaftsverbände können mit Auszügen aus dieser Veröffentlichung ihre Mitglieder vor dem Gebrauch dieser oder ähnlicher Klauseln warnen. Künftige Kunden des verurteilten Verwenders können leichter prüfen, ob in ihren Ver-

137 Ulmer/Brandner/Hensen-Witt, § 7 UKlaG Rdnr. 4 ff.

138 OLG Köln, Urt. v. 3. 7. 1981, BB 1982, 638.

139 LG München, Urt. v. 7. 6. 1983, Bunte, IV zu § 18 Nr. 1.

140 LG Oldenburg, Urt. v. 2. 9. 1983, Bunte, IV zu § 18 Nr. 2; Ulmer/Brandner/Hensen-Witt, § 7 UKlaG Rdnr. 4 ff.; BGH NJW 2003,1237, 1241.

trägen die beanstandete Klausel nicht mehr vorhanden ist. Da nur eine Veröffentlichung im Bundesanzeiger auf Kosten des Unterlegenen vorgesehen ist, geht § 7 UKlaG weitgehend ins Leere, weil dieses Blatt bei den Verbrauchern kaum bekannt ist, insoweit also eine minimale Breitenwirkung hat. Daher hat die Rechtsprechung die Veröffentlichungsbefugnis nur in Ausnahmefällen gestattet.[141] Bei nur lokaler oder regionaler Bedeutung der AGB des Verwenders ist die Veröffentlichung der Urteilsformel im Bundesanzeiger überzogen, die Veröffentlichung kann in anderer Weise sachgerecht sein.[142]

7. Schiedsvereinbarungen

Schiedsvereinbarungen sind im Rahmen der gesetzlichen Bestimmungen möglich und zulässig. Ein Schiedsvertrag bedarf jedoch der Schriftform (§ 1031 ZPO) und darf andere Vereinbarungen als solche, die sich auf das schiedsgerichtliche Verfahren beziehen, nicht enthalten. Dies kann auch in AGB erfolgen.[143]

141 LG München, Urt. v. 7.6.1983 und LG Oldenburg, Urt. v. 2.9.1983; beide veröffentlicht in Bunte, IV zu § 18 Nr. 1 u. 2; Ulmer/Brandner/Hensen-Witt, § 7 UKlaG Rdnr. 4 ff.

142 LG Saarbrücken, Urt. v. 11.2.1981, Bunte, II zu § 18 Nr. 1.

143 Zöller-Geimer, §§ 1031 Rdnr. 1 ff.; Lachmann/Lachmann, BB 2000, 1633; Reichold in Thomas/Putzo, § 1031, Rdnr. 6.

XIII. Exkurs: Einstweilige Verfügungen in besonderen Rechtsgebieten

→ AGB-Recht

Nach § 3 UKlaG kann ein klagebefugter Verband dem Verwender oder Empfehler von allgemeinen Geschäftsbedingungen vorläufig deren Verwendung oder Empfehlung bis zur Durchsetzung des Unterlassungsanspruchs untersagen. Eine Dringlichkeitsvermutung gibt es nur nach § 5 UKlaG. Wurden die AGB jedoch bereits länger verwendet, so kommt keine Einstweilige Verfügung in Betracht. Ausnahme: dem Antragsteller war dies nicht bekannt und er hätte dies auch nicht erkennen können. Auch hier ist eine vorangegangene Abmahnung wegen § 93 ZPO erforderlich.[144] Jedoch fehlt ohne Abmahnung nicht das Rechtsschutzinteresse an einer Einstweiligen Verfügung.[145] Abmahnungen nach AGB-Recht(UKlaG) oder UWG schließen sich nicht aus.[146]

→ Arbeitsrecht

Auch hier kommt die Einstweilige Verfügung in Form der Sicherungs-, Regelungs- und Leistungsverfügung in Betracht. Zuständig ist das Arbeitsgericht der Hauptsache; § 937 Abs. 1 ZPO. In Betracht kommt eine Einstweilige Verfügung auf

- Urlaubsgewährung[147]
- Zahlung der Arbeitsvergütung/des Lohnes[148]
- Beschäftigung[149]
- Herausgebe von Arbeitsunterlagen.[150]

Das UKlaG ist für arbeitsrechtliche AGB jedoch nicht eröffnet.

---

144 Siehe auch oben Abschn. 12.

145 Erman-Roloff, -bis 13. Aufl.-§ 5 UKlaG Rdnr. 3 und 4; Köhler in KBF § 5 UKlaG Rdnr. 6; missverständlich Musielak-Huber, § 940 Rdnr. 6 (Antrag auf Einstweilige Verfügung setzt Abmahnung voraus).

146 BGH, Urt. v. 31.5.2012 – I ZR 45/11; hierzu auch Niebling MDR 2012, 1071; zur Entwicklung des AGB-Rechts Niebling MDR 2017, 684 und 742.

147 LAG Köln NZA 1991, 396.

148 LAG Düsseldorf DB 1976,587.

149 ArbG Leipzig BB 1997, 366.

150 Hümmerich/Spirolke, Das arbeitsrechtliche Mandat, 4. Aufl. 2007, § 14 Rdnr. 256.

→ Baurecht

Insbesondere
- Eintragung einer Bauhandwerkersicherungshypothek nach§ 650e BGB (vgl. § 648 BGB a. F.)
- Sicherung der Bauausfertigung, sofern dies unerlässlich ist
- Vorgehen gegen den Baunachbarn
- Vorgehen des Nachbarn, z. B. Bauen trotz Bauverbot[151]
- Untersagung unzumutbaren Baulärms[152]
- Bei Bankgarantie und Bürgschaft.[153]

Zu beachten ist bei einstweiligen Verfügungen ist der Verfügungsgrund in bestimmten Fällen nicht mehr glaubhaft zu machen; § 650d BGB

→ Familienrecht

Auch im Familienrecht sind Einstweilige Verfügungen denkbar:
- Unterlassung des Ehebrechers, die Wohnung zu betreten
- die Ehewohnung in bestimmter Weise zu nutzen
- Ansprüche nach dem Gewaltschutzgesetz
- auf Herausgabe persönlicher Sachen
- Unterhalt der nichtehelichen Mutter für sechs Wochen vor und acht Wochen nach der Geburt
- Kosten von Schwangerschaft und Geburt
- Kindesunterhalt für die ersten drei Monate vor Geburt.[154]

Im Übrigen gibt es hier eine Reihe „Einstweiliger Anordnungen“.[155]

→ Kartellrecht

Zu erwähnen ist hier die Möglichkeit einstweiligen Rechtsschutzes gegen Freigaben des Kartellamtes bei Verletzung eigener Rechte nach § 65 Abs. 3 Satz 4 GWG.

---

151 Ausführlich: Werner/Pastor, Der Bauprozess, 13. Aufl. 2012, Rdnr. 349 ff.
152 Werner/Pastor, a. a. O., Rdnr. 364 ff.
153 Werner/Pastor, a. a. O., Rdnr. 367 ff.
154 Ausführlich Friederici in Schnitzler/FamilienR, § 34.
155 Ausführlich Friederici in Schnitzler/FamilienR, § 34 Rdnr. 17.

Ferner:

- das Verlangen auf Belieferung wegen ansonsten bestehender Diskriminierung nach §§ 19 bis 21 GWB.[156]

→ Mietrecht

Zu beachten ist hier zunächst § 940a ZPO: Räumung kann durch Einstweilige Verfügung nur bei verbotener Eigenmacht oder Gefahr für Leib oder Leben verlangt werden. Durch das neue Mietrecht sind jedoch faktisch Einstweilige Anordnungen gegen den Mieter (insbesondere, wenn keine Sicherheit geleistet wird) oder den unberechtigten Untermieter möglich. Einstweilige Anordnungen des Familiengerichts auch nach dem GewaltschutzG fallen jedoch nicht unter dieses Verbot.

Im Übrigen gilt:

- Der Vermieter kann verlangen, dass nicht Sachen beiseite geschafft werden, die seinem Vermieterpfandrecht unterliegen,
- nicht aber, dass nach Mietvertragsende geräumt wird.
- Der Mieter kann die Versorgung mit Wärme, Wasser und Strom verlangen, wenn der Vermieter diesen unterbrochen hat.
- Eine Außenmodernisierung kann dagegen nicht mit EV untersagt werden.[157]

→ Presserecht

Bei Verletzung der persönlichen Ehre kann sogar ein vorbeugender Unterlassungsanspruch in Betracht kommen und sogar vor Veröffentlichung ein vorläufiges Verbot der Veröffentlichung angeordnet werden.

Bei Tatsachenbehauptungen muss der Antragsteller die Unwahrheit darlegen und glaubhaft machen; die Beweislastverteilung nach § 186 StGB gilt hier jedoch entsprechend.[158]

Ein Anspruch auf Widerruf der falschen Behauptungen aus der Veröffentlichung kann nicht durch Einstweilige Verfügung durchgesetzt werden.

---

156 OLG Stuttgart NJW-RR 1990, 940; OLG Koblenz WRP 1991, 412; Musielak-Huber, § 940 Rdnr. 10.

157 Musielak-Huber, § 940 Rdnr. 11; zum Mietrechts-Änderungsgesetz: Flatow, NJW 2013, 1185; ferner Milger, MDR 2013, 385; Reinhold, MDR 2013, 249.

158 OLG München NJW-RR 1996, 929; Musielak-Huber, § 940 Rdnr. 22.

Anders der „eingeschränkte Widerruf", die Behauptung bis zur Entscheidung in der Hauptsache nicht aufrechtzuerhalten.

Gegendarstellungsansprüche regeln sich nach dem Presserecht der Länder. Auch hier muss der Abdruck rechtzeitig verlangt werden, wobei auch hier die Monatsfrist Anhaltspunkt ist.[159]

Eine Tätigkeit in derselben Angelegenheit kann hier vorliegen, wenn Verlag und verantwortlicher Redakteur abgemahnt werden.[160]

→ Urheberrecht

Nach § 97a Abs. 2 UrhG können die Kosten der Abmahnung auf 100 € beschränkt sein.[161] Maßgeblich ist der Zeitpunkt der Abmahnung.

→ Vertriebsrecht

Insbesondere

- des Herstellers gegen den freien Händler, auf Verbot, Neufahrzeuge zu verkaufen oder dies zu bewerben[162]
- die Marke nach Beendigung des Händler- oder Werkstattvertrages weiterhin zu verwenden
- mit Neufahrzeugen zu werben, die vertriebsrechtlich als Gebrauchtfahrzeuge gelten
- gegen Grauhändler, die Neufahrzeuge unter Vertragsbruch oder sonst wettbewerbswidrig beziehen[163]
- Absatzverbote und Absatzbeschränkungen sind i. d. R. Marktverhaltensregelungen nach § 4 Nr. 11 UWG.[164]

---

159 „wenige Wochen": Musielak-Huber, § 940 Rdnr. 22.

160 BGH, Urt. v. 1.3.2011 – VI ZR 127/10.

161 BGH, Urt. v. 28.9.2011 – I ZR 145/10.

162 OLG Thüringen, Urt. v. 25.6.2008 – 2 U 21/08; auch BGH, Urt. v. 11.9.2008 – I ZR 74/06 „Bundesligakarten"; BGH, Urt. v. 15.3.2012 – I ZR 125/11 („Verleiten zum Vertragsbruch"); ferner BGH v. 18.10.2017 – I ZR 84/16.

163 Niebling, Vertragshändlerrecht im Automobilvertrieb, 4. Aufl. 2009 Rdnr. 608; vgl. auch BGH, Urt. v. 11.9.2008 – I ZR 74/06 „Bundesligakarten"; Niebling, in AnwK-AGBR, „Vertragshändlerverträge" Rn 2248 ff.

164 BGH, Urt. v. 10.12.2009 – I ZR 189/07; vgl. ferner Büscher, GRUR 2018, 113.

XIV. Gesetzestext

→ Gesetz gegen den unlauteren Wettbewerb (UWG)

in der Fassung vom 3.3.2010, BGBl. I S. 254

Kapitel 1 Allgemeine Bestimmungen

§ 1 Zweck des Gesetzes

Dieses Gesetz dient dem Schutz der Mitbewerber, der Verbraucherinnen und Verbraucher sowie der sonstigen Marktteilnehmer vor unlauteren geschäftlichen Handlungen.

Es schützt zugleich das Interesse der Allgemeinheit an einem unverfälschten Wettbewerb.

§ 2 Definitionen

(1) Im Sinne dieses Gesetzes bedeutet

1. „geschäftliche Handlung" jedes Verhalten einer Person zugunsten des eigenen oder eines fremden Unternehmens vor, bei oder nach einem Geschäftsabschluss, das mit der Förderung des Absatzes oder des Bezugs von Waren oder Dienstleistungen oder mit dem Abschluss oder der Durchführung eines Vertrags über Waren oder Dienstleistungen objektiv zusammenhängt; als Waren gelten auch Grundstücke, als Dienstleistungen auch Rechte und Verpflichtungen;
2. „Marktteilnehmer" neben Mitbewerbern und Verbrauchern alle Personen, die als Anbieter oder Nachfrager von Waren oder Dienstleistungen tätig sind;
3. „Mitbewerber" jeder Unternehmer, der mit einem oder mehreren Unternehmern als Anbieter oder Nachfrager von Waren oder Dienstleistungen in einem konkreten Wettbewerbsverhältnis steht;
4. „Nachricht" jede Information, die zwischen einer endlichen Zahl von Beteiligten über einen öffentlich zugänglichen elektronischen Kommunikationsdienst ausgetauscht oder weitergeleitet wird; dies schließt nicht Informationen ein, die als Teil eines Rundfunkdienstes über ein elektronisches Kommunikationsnetz an die Öffentlichkeit weitergeleitet werden, soweit die Informationen nicht mit dem identifizierbaren Teilnehmer oder Nutzer, der sie erhält, in Verbindung gebracht werden können;
5. „Verhaltenskodex" Vereinbarungen oder Vorschriften über das Verhalten von Unternehmern, zu welchem diese sich in Bezug auf Wirtschaftszweige oder einzelne geschäftliche Handlungen verpflichtet haben, ohne dass sich solche Verpflichtungen aus Gesetzes- oder Verwaltungsvorschriften ergeben;
6. „Unternehmer" jede natürliche oder juristische Person, die geschäftliche Handlungen im Rahmen ihrer gewerblichen, handwerklichen oder beruflichen Tätigkeit vornimmt, und jede Person, die im Namen oder Auftrag einer solchen Person handelt;

7. „fachliche Sorgfalt“ der Standard an Fachkenntnissen und Sorgfalt, von dem billigerweise angenommen werden kann, dass ein Unternehmer ihn in seinem Tätigkeitsbereich gegenüber Verbrauchern nach Treu und Glauben unter Berücksichtigung der Marktgepflogenheiten einhält.

(2) Für den Verbraucherbegriff gilt § 13 des Bürgerlichen Gesetzbuchs entsprechend.

§ 3 Verbot unlauterer geschäftlicher Handlungen

(1) Unlautere geschäftliche Handlungen sind unzulässig, wenn sie geeignet sind, die Interessen von Mitbewerbern, Verbrauchern oder sonstigen Marktteilnehmern spürbar zu beeinträchtigen.

(2) Geschäftliche Handlungen gegenüber Verbrauchern sind jedenfalls dann unzulässig, wenn sie nicht der für den Unternehmer geltenden fachlichen Sorgfalt entsprechen und dazu geeignet sind, die Fähigkeit des Verbrauchers, sich auf Grund von Informationen zu entscheiden, spürbar zu beeinträchtigen und ihn damit zu einer geschäftlichen Entscheidung zu veranlassen, die er andernfalls nicht getroffen hätte. Dabei ist auf den durchschnittlichen Verbraucher oder, wenn sich die geschäftliche Handlung an eine bestimmte Gruppe von Verbrauchern wendet, auf ein durchschnittliches Mitglied dieser Gruppe abzustellen. Auf die Sicht eines durchschnittlichen Mitglieds einer auf Grund von geistigen oder körperlichen Gebrechen, Alter oder Leichtgläubigkeit besonders schutzbedürftigen und eindeutig identifizierbaren Gruppe von Verbrauchern ist abzustellen, wenn für den Unternehmer vorhersehbar ist, dass seine geschäftliche Handlung nur diese Gruppe betrifft.

(3) Die im Anhang dieses Gesetzes aufgeführten geschäftlichen Handlungen gegenüber Verbrauchern sind stets unzulässig.

§ 4 Beispiele unlauterer geschäftlicher Handlungen

Unlauter handelt insbesondere, wer

1. geschäftliche Handlungen vornimmt, die geeignet sind, die Entscheidungsfreiheit der Verbraucher oder sonstiger Marktteilnehmer durch Ausübung von Druck, in menschenverachtender Weise oder durch sonstigen unangemessenen unsachlichen Einfluss zu beeinträchtigen;

2. geschäftliche Handlungen vornimmt, die geeignet sind, geistige oder körperliche Gebrechen, das Alter, die geschäftliche Unerfahrenheit, die Leichtgläubigkeit, die Angst oder die Zwangslage von Verbrauchern auszunutzen;

3. den Werbecharakter von geschäftlichen Handlungen verschleiert;

4. bei Verkaufsförderungsmaßnahmen wie Preisnachlässen, Zugaben oder Geschenken die Bedingungen für ihre Inanspruchnahme nicht klar und eindeutig angibt;

5. bei Preisausschreiben oder Gewinnspielen mit Werbecharakter die Teilnahmebedingungen nicht klar und eindeutig angibt;

6. die Teilnahme von Verbrauchern an einem Preisausschreiben oder Gewinnspiel von dem Erwerb einer Ware oder der Inanspruchnahme einer Dienstleistung abhängig macht, es sei denn, das Preisausschreiben oder Gewinnspiel ist naturgemäß mit der Ware oder der Dienstleistung verbunden;

7. die Kennzeichen, Waren, Dienstleistungen, Tätigkeiten oder persönlichen oder geschäftlichen Verhältnisse eines Mitbewerbers herabsetzt oder verunglimpft;
8. über die Waren, Dienstleistungen oder das Unternehmen eines Mitbewerbers oder über den Unternehmer oder ein Mitglied der Unternehmensleitung Tatsachen behauptet oder verbreitet, die geeignet sind, den Betrieb des Unternehmens oder den Kredit des Unternehmers zu schädigen, sofern die Tatsachen nicht erweislich wahr sind; handelt es sich um vertrauliche Mitteilungen und hat der Mitteilende oder der Empfänger der Mitteilung an ihr ein berechtigtes Interesse, so ist die Handlung nur dann unlauter, wenn die Tatsachen der Wahrheit zuwider behauptet oder verbreitet wurden;
9. Waren oder Dienstleistungen anbietet, die eine Nachahmung der Waren oder Dienstleistungen eines Mitbewerbers sind, wenn er
   a) eine vermeidbare Täuschung der Abnehmer über die betriebliche Herkunft herbeiführt,
   b) die Wertschätzung der nachgeahmten Ware oder Dienstleistung unangemessen ausnutzt oder beeinträchtigt oder
   c) die für die Nachahmung erforderlichen Kenntnisse oder Unterlagen unredlich erlangt hat;
10. Mitbewerber gezielt behindert;
11. einer gesetzlichen Vorschrift zuwiderhandelt, die auch dazu bestimmt ist, im Interesse der Marktteilnehmer das Marktverhalten zu regeln.

§ 5 Irreführende geschäftliche Handlungen

...

§ 6 Vergleichende Werbung

...

§ 7 Unzumutbare Belästigungen

...

Kapitel 2 Rechtsfolgen

§ 8 Beseitigung und Unterlassung

(1) Wer eine nach § 3 oder § 7 unzulässige geschäftliche Handlung vornimmt, kann auf Beseitigung und bei Wiederholungsgefahr auf Unterlassung in Anspruch genommen werden. Der Anspruch auf Unterlassung besteht bereits dann, wenn eine derartige Zuwiderhandlung gegen § 3 oder § 7 droht.

(2) Werden die Zuwiderhandlungen in einem Unternehmen von einem Mitarbeiter oder Beauftragten begangen, so sind der Unterlassungsanspruch und der Beseitigungsanspruch auch gegen den Inhaber des Unternehmens begründet.

(3) Die Ansprüche aus Absatz 1 stehen zu:

1. jedem Mitbewerber;
2. rechtsfähigen Verbänden zur Förderung gewerblicher oder selbständiger beruflicher Interessen, soweit ihnen eine erhebliche Zahl von Unternehmern angehört, die Waren oder Dienstleistungen gleicher oder verwandter Art auf demselben Markt vertreiben, soweit sie insbesondere nach ihrer personellen, sachlichen und finanziellen Ausstattung imstande sind, ihre satzungsmäßigen Aufgaben der Verfolgung gewerblicher oder selbständiger beruflicher Interessen tatsächlich wahrzunehmen und soweit die Zuwiderhandlung die Interessen ihrer Mitglieder berührt;
3. qualifizierten Einrichtungen, die nachweisen, dass sie in die Liste qualifizierter Einrichtungen nach § 4 des Unterlassungsklagengesetzes oder in dem Verzeichnis der Kommission der Europäischen Gemeinschaften nach Artikel 4 der Richtlinie 98/27/EG des Europäischen Parlaments und des Rates vom 19. Mai 1998 über Unterlassungsklagen zum Schutz der Verbraucherinteressen (ABl. EG Nr. L 166 S. 51) eingetragen sind;
4. den Industrie- und Handelskammern oder den Handwerkskammern.

(4) Die Geltendmachung der in Absatz 1 bezeichneten Ansprüche ist unzulässig, wenn sie unter Berücksichtigung der gesamten Umstände missbräuchlich ist, insbesondere wenn sie vorwiegend dazu dient, gegen den Zuwiderhandelnden einen Anspruch auf Ersatz von Aufwendungen oder Kosten der Rechtsverfolgung entstehen zu lassen.

(5) § 13 des Unterlassungsklagengesetzes ist entsprechend anzuwenden; in § 13 Absatz 1 und 3 Satz 2 des Unterlassungsklagengesetzes treten an die Stelle des Anspruchs gemäß § 1 oder § 2 des Unterlassungsklagengesetzes die Unterlassungsansprüche nach dieser Vorschrift. Im Übrigen findet das Unterlassungsklagengesetz keine Anwendung, es sei denn, es liegt ein Fall des § 4 a des Unterlassungsklagengesetzes vor.

§ 9 Schadensersatz

Wer vorsätzlich oder fahrlässig eine nach § 3 oder § 7 unzulässige geschäftliche Handlung vornimmt, ist den Mitbewerbern zum Ersatz des daraus entstehenden Schadens verpflichtet. Gegen verantwortliche Personen von periodischen Druckschriften kann der Anspruch auf Schadensersatz nur bei einer vorsätzlichen Zuwiderhandlung geltend gemacht werden.

§ 10 Gewinnabschöpfung

...

§ 11 Verjährung

(1) Die Ansprüche aus den §§ 8, 9 und 12 Abs. 1 Satz 2 verjähren in sechs Monaten.

(2) Die Verjährungsfrist beginnt, wenn

1. der Anspruch entstanden ist und
2. der Gläubiger von den den Anspruch begründenden Umständen und der Person des Schuldners Kenntnis erlangt oder ohne grobe Fahrlässigkeit erlangen müsste.

(3) Schadensersatzansprüche verjähren ohne Rücksicht auf die Kenntnis oder grob fahrlässige Unkenntnis in zehn Jahren von ihrer Entstehung, spätestens in 30 Jahren von der den Schaden auslösenden Handlung an.

(4) Andere Ansprüche verjähren ohne Rücksicht auf die Kenntnis oder grob fahrlässige Unkenntnis in drei Jahren von der Entstehung an.

Kapitel 3 Verfahrensvorschriften

§ 12 Anspruchsdurchsetzung, Veröffentlichungsbefugnis, Streitwertminderung

(1) Die zur Geltendmachung eines Unterlassungsanspruchs Berechtigten sollen den Schuldner vor der Einleitung eines gerichtlichen Verfahrens abmahnen und ihm Gelegenheit geben, den Streit durch Abgabe einer mit einer angemessenen Vertragsstrafe bewehrten Unterlassungsverpflichtung beizulegen. Soweit die Abmahnung berechtigt ist, kann der Ersatz der erforderlichen Aufwendungen verlangt werden.

(2) Zur Sicherung der in diesem Gesetz bezeichneten Ansprüche auf Unterlassung können einstweilige Verfügungen auch ohne die Darlegung und Glaubhaftmachung der in den §§ 935 und 940 der Zivilprozessordnung bezeichneten Voraussetzungen erlassen werden.

(3) Ist auf Grund dieses Gesetzes Klage auf Unterlassung erhoben worden, so kann das Gericht der obsiegenden Partei die Befugnis zusprechen, das Urteil auf Kosten der unterliegenden Partei öffentlich bekannt zu machen, wenn sie ein berechtigtes Interesse dartut. Art und Umfang der Bekanntmachung werden im Urteil bestimmt. Die Befugnis erlischt, wenn von ihr nicht innerhalb von drei Monaten nach Eintritt der Rechtskraft Gebrauch gemacht worden ist. Der Ausspruch nach Satz 1 ist nicht vorläufig vollstreckbar.

(4) Bei der Bemessung des Streitwerts für Ansprüche nach § 8 Absatz 1 ist es wertmindernd zu berücksichtigen, wenn die Sache nach Art und Umfang einfach gelagert ist oder wenn die Belastung einer der Parteien mit den Prozesskosten nach dem vollen Streitwert angesichts ihrer Vermögens- und Einkommensverhältnisse nicht tragbar erscheint.

§ 13 Sachliche Zuständigkeit

(1) Für alle bürgerlichen Rechtsstreitigkeiten, mit denen ein Anspruch auf Grund dieses Gesetzes geltend gemacht wird, sind die Landgerichte ausschließlich zuständig.

Es gilt § 95 Abs. 1 Nr. 5 des Gerichtsverfassungsgesetzes.

(2) Die Landesregierungen werden ermächtigt, durch Rechtsverordnung für die Bezirke mehrerer Landgerichte eines von ihnen als Gericht für Wettbewerbsstreitsachen zu bestimmen, wenn dies der Rechtspflege in Wettbewerbsstreitsachen, insbesondere der Sicherung einer einheitlichen Rechtsprechung, dienlich ist. Die Landesregierungen können die Ermächtigung auf die Landesjustizverwaltungen übertragen.

§ 14 Örtliche Zuständigkeit

(1) Für Klagen auf Grund dieses Gesetzes ist das Gericht zuständig, in dessen Bezirk der Beklagte seine gewerbliche oder selbständige berufliche Niederlassung oder in Ermange-

lung einer solchen seinen Wohnsitz hat. Hat der Beklagte auch keinen Wohnsitz, so ist sein inländischer Aufenthaltsort maßgeblich.

(2) Für Klagen auf Grund dieses Gesetzes ist außerdem nur das Gericht zuständig, in dessen Bezirk die Handlung begangen ist. Satz 1 gilt für Klagen, die von den nach § 8 Abs. 3 Nr. 2 bis 4 zur Geltendmachung eines Unterlassungsanspruchs Berechtigten erhoben werden, nur dann, wenn der Beklagte im Inland weder eine gewerbliche oder selbständige berufliche Niederlassung noch einen Wohnsitz hat.

§ 15 Einigungsstellen

(1) Die Landesregierungen errichten bei Industrie- und Handelskammern Einigungsstellen zur Beilegung von bürgerlichen Rechtsstreitigkeiten, in denen ein Anspruch auf Grund dieses Gesetzes geltend gemacht wird (Einigungsstellen).

(2) Die Einigungsstellen sind mit einer vorsitzenden Person, die die Befähigung zum Richteramt nach dem Deutschen Richtergesetz hat, und beisitzenden Personen zu besetzen. Als beisitzende Personen werden im Falle einer Anrufung durch eine nach § 8 Absatz 3 Nummer 3 zur Geltendmachung eines Unterlassungsanspruchs berechtigte qualifizierte Einrichtung Unternehmer und Verbraucher in gleicher Anzahl tätig, sonst mindestens zwei sachverständige Unternehmer. Die vorsitzende Person soll auf dem Gebiet des Wettbewerbsrechts erfahren sein. Die beisitzenden Personen werden von der vorsitzenden Person für den jeweiligen Streitfall aus einer alljährlich für das Kalenderjahr aufzustellenden Liste berufen. Die Berufung soll im Einvernehmen mit den Parteien erfolgen. Für die Ausschließung und Ablehnung von Mitgliedern der Einigungsstelle sind die §§ 41 bis 43 und § 44 Absatz 2 bis 4 der Zivilprozessordnung entsprechend anzuwenden. Über das Ablehnungsgesuch entscheidet das für den Sitz der Einigungsstelle zuständige Landgericht (Kammer für Handelssachen oder, falls es an einer solchen fehlt, Zivilkammer).

(3) Die Einigungsstellen können bei bürgerlichen Rechtsstreitigkeiten, in denen ein Anspruch auf Grund dieses Gesetzes geltend gemacht wird, angerufen werden, wenn der Gegner zustimmt. Soweit die Wettbewerbshandlungen Verbraucher betreffen, können die Einigungsstellen von jeder Partei zu einer Aussprache mit dem Gegner über den Streitfall angerufen werden; einer Zustimmung des Gegners bedarf es nicht.

(4) Für die Zuständigkeit der Einigungsstellen ist § 14 entsprechend anzuwenden.

(5) Die der Einigungsstelle vorsitzende Person kann das persönliche Erscheinen der Parteien anordnen. Gegen eine unentschuldigt ausbleibende Partei kann die Einigungsstelle ein Ordnungsgeld festsetzen. Gegen die Anordnung des persönlichen Erscheinens und gegen die Festsetzung des Ordnungsgeldes findet die sofortige Beschwerde nach den Vorschriften der Zivilprozessordnung an das für den Sitz der Einigungsstelle zuständige Landgericht (Kammer für Handelssachen oder, falls es an einer solchen fehlt, Zivilkammer) statt.

(6) Die Einigungsstelle hat einen gütlichen Ausgleich anzustreben. Sie kann den Parteien einen schriftlichen, mit Gründen versehenen Einigungsvorschlag machen. Der Einigungsvorschlag und seine Begründung dürfen nur mit Zustimmung der Parteien veröffentlicht werden.

(7) Kommt ein Vergleich zustande, so muss er in einem besonderen Schriftstück niedergelegt und unter Angabe des Tages seines Zustandekommens von den Mitgliedern der Einigungsstelle, welche in der Verhandlung mitgewirkt haben, sowie von den Parteien unter-

schrieben werden. Aus einem vor der Einigungsstelle geschlossenen Vergleich findet die Zwangsvollstreckung statt; § 797 a der Zivilprozessordnung ist entsprechend anzuwenden.

(8) Die Einigungsstelle kann, wenn sie den geltend gemachten Anspruch von vornherein für unbegründet oder sich selbst für unzuständig erachtet, die Einleitung von Einigungsverhandlungen ablehnen.

(9) Durch die Anrufung der Einigungsstelle wird die Verjährung in gleicher Weise wie durch Klageerhebung gehemmt. Kommt ein Vergleich nicht zustande, so ist der Zeitpunkt, zu dem das Verfahren beendet ist, von der Einigungsstelle festzustellen. Die vorsitzende Person hat dies den Parteien mitzuteilen.

(10) Ist ein Rechtsstreit der in Absatz 3 Satz 2 bezeichneten Art ohne vorherige Anrufung der Einigungsstelle anhängig gemacht worden, so kann das Gericht auf Antrag den Parteien unter Anberaumung eines neuen Termins aufgeben, vor diesem Termin die Einigungsstelle zur Herbeiführung eines gütlichen Ausgleichs anzurufen. In dem Verfahren über den Antrag auf Erlass einer einstweiligen Verfügung ist diese Anordnung nur zulässig, wenn der Gegner zustimmt. Absatz 8 ist nicht anzuwenden.

Ist ein Verfahren vor der Einigungsstelle anhängig, so ist eine erst nach Anrufung der Einigungsstelle erhobene Klage des Antragsgegners auf Feststellung, dass der geltend gemachte Anspruch nicht bestehe, nicht zulässig.

(11) Die Landesregierungen werden ermächtigt, durch Rechtsverordnung die zur Durchführung der vorstehenden Bestimmungen und zur Regelung des Verfahrens vor den Einigungsstellen erforderlichen Vorschriften zu erlassen, insbesondere über die Aufsicht über die Einigungsstellen, über ihre Besetzung unter angemessener Beteiligung der nicht den Industrie- und Handelskammern angehörenden Unternehmern (§ 2 Absatz 2 bis 6 des Gesetzes zur vorläufigen Regelung des Rechts der Industrie- und Handelskammern in der im Bundesgesetzblatt Teil III, Gliederungsnummer 701 – 1, veröffentlichten bereinigten Fassung) und über die Vollstreckung von Ordnungsgeldern sowie Bestimmungen über die Erhebung von Auslagen durch die Einigungsstelle zu treffen. Bei der Besetzung der Einigungsstellen sind die Vorschläge der für ein Bundesland errichteten, mit öffentlichen Mitteln geförderten Verbraucherzentralen zur Bestimmung der in Absatz 2 Satz 2 genannten Verbraucher zu berücksichtigen.

(12) Abweichend von Absatz 2 Satz 1 kann in den Ländern Brandenburg, Mecklenburg-Vorpommern, Sachsen, Sachsen-Anhalt und Thüringen die Einigungsstelle auch mit einem Rechtskundigen als Vorsitzendem besetzt werden, der die Befähigung zum Berufsrichter nach dem Recht der Deutschen Demokratischen Republik erworben hat.

Kapitel 4 Straf- und Bußgeldvorschriften

§ 16 Strafbare Werbung

...

§ 17 Verrat von Geschäfts- und Betriebsgeheimnissen

...

Anhang (zu § 3 Abs. 3)

Unzulässige geschäftliche Handlungen im Sinne des § 3 Absatz 3 sind

1. die unwahre Angabe eines Unternehmers, zu den Unterzeichnern eines Verhaltenskodexes zu gehören;
2. die Verwendung von Gütezeichen, Qualitätskennzeichen oder Ähnlichem ohne die erforderliche Genehmigung;
3. die unwahre Angabe, ein Verhaltenskodex sei von einer öffentlichen oder anderen Stelle gebilligt;
4. die unwahre Angabe, ein Unternehmer, eine von ihm vorgenommene geschäftliche Handlung oder eine Ware oder Dienstleistung sei von einer öffentlichen oder privaten Stelle bestätigt, gebilligt oder genehmigt worden, oder die unwahre Angabe, den Bedingungen für die Bestätigung, Billigung oder Genehmigung werde entsprochen;
5. Waren- oder Dienstleistungsangebote im Sinne des § 5 a Absatz 3 zu einem bestimmten Preis, wenn der Unternehmer nicht darüber aufklärt, dass er hinreichende Gründe für die Annahme hat, er werde nicht in der Lage sein, diese oder gleichartige Waren oder Dienstleistungen für einen angemessenen Zeitraum in angemessener Menge zum genannten Preis bereitzustellen oder bereitstellen zu lassen (Lockangebote). Ist die Bevorratung kürzer als zwei Tage, obliegt es dem Unternehmer, die Angemessenheit nachzuweisen;
6. Waren- oder Dienstleistungsangebote im Sinne des § 5 a Absatz 3 zu einem bestimmten Preis, wenn der Unternehmer sodann in der Absicht, stattdessen eine andere Ware oder Dienstleistung abzusetzen, eine fehlerhafte Ausführung der Ware oder Dienstleistung vorführt oder sich weigert zu zeigen, was er beworben hat, oder sich weigert, Bestellungen dafür anzunehmen oder die beworbene Leistung innerhalb einer vertretbaren Zeit zu erbringen;
7. die unwahre Angabe, bestimmte Waren oder Dienstleistungen seien allgemein oder zu bestimmten Bedingungen nur für einen sehr begrenzten Zeitraum verfügbar, um den Verbraucher zu einer sofortigen geschäftlichen Entscheidung zu veranlassen, ohne dass dieser Zeit und Gelegenheit hat, sich auf Grund von Informationen zu entscheiden;
8. Kundendienstleistungen in einer anderen Sprache als derjenigen, in der die Verhandlungen vor dem Abschluss des Geschäfts geführt worden sind, wenn die ursprünglich verwendete Sprache nicht Amtssprache des Mitgliedstaats ist, in dem der Unternehmer niedergelassen ist; dies gilt nicht, soweit Verbraucher vor dem Abschluss des Geschäfts darüber aufgeklärt werden, dass diese Leistungen in einer anderen als der ursprünglich verwendeten Sprache erbracht werden;
9. die unwahre Angabe oder das Erwecken des unzutreffenden Eindrucks, eine Ware oder Dienstleistung sei verkehrsfähig;
10. die unwahre Angabe oder das Erwecken des unzutreffenden Eindrucks, gesetzlich bestehende Rechte stellten eine Besonderheit des Angebots dar;
11. der vom Unternehmer finanzierte Einsatz redaktioneller Inhalte zu Zwecken der Verkaufsförderung, ohne dass sich dieser Zusammenhang aus dem Inhalt oder aus der Art

der optischen oder akustischen Darstellung eindeutig ergibt (als Information getarnte Werbung);

12. unwahre Angaben über Art und Ausmaß einer Gefahr für die persönliche Sicherheit des Verbrauchers oder seiner Familie für den Fall, dass er die angebotene Ware nicht erwirbt oder die angebotene Dienstleistung nicht in Anspruch nimmt;

13. Werbung für eine Ware oder Dienstleistung, die der Ware oder Dienstleistung eines Mitbewerbers ähnlich ist, wenn dies in der Absicht geschieht, über die betriebliche Herkunft der beworbenen Ware oder Dienstleistung zu täuschen;

14. die Einführung, der Betrieb oder die Förderung eines Systems zur Verkaufsförderung, das den Eindruck vermittelt, allein oder hauptsächlich durch die Einführung weiterer Teilnehmer in das System könne eine Vergütung erlangt werden (Schneeball- oder Pyramidensystem);

15. die unwahre Angabe, der Unternehmer werde demnächst sein Geschäft aufgeben oder seine Geschäftsräume verlegen;

16. die Angabe, durch eine bestimmte Ware oder Dienstleistung ließen sich die Gewinnchancen bei einem Glücksspiel erhöhen;

17. die unwahre Angabe oder das Erwecken des unzutreffenden Eindrucks, der Verbraucher habe bereits einen Preis gewonnen oder werde ihn gewinnen oder werde durch eine bestimmte Handlung einen Preis gewinnen oder einen sonstigen Vorteil erlangen, wenn es einen solchen Preis oder Vorteil tatsächlich nicht gibt, oder wenn jedenfalls die Möglichkeit, einen Preis oder sonstigen Vorteil zu erlangen, von der Zahlung eines Geldbetrags oder der Übernahme von Kosten abhängig gemacht wird;

18. die unwahre Angabe, eine Ware oder Dienstleistung könne Krankheiten, Funktionsstörungen oder Missbildungen heilen;

19. eine unwahre Angabe über die Marktbedingungen oder Bezugsquellen, um den Verbraucher dazu zu bewegen, eine Ware oder Dienstleistung zu weniger günstigen Bedingungen als den allgemeinen Marktbedingungen abzunehmen oder in Anspruch zu nehmen;

20. das Angebot eines Wettbewerbs oder Preisausschreibens, wenn weder die in Aussicht gestellten Preise noch ein angemessenes Äquivalent vergeben werden;

21. das Angebot einer Ware oder Dienstleistung als „gratis", „umsonst", „kostenfrei" oder dergleichen, wenn hierfür gleichwohl Kosten zu tragen sind; dies gilt nicht für Kosten, die im Zusammenhang mit dem Eingehen auf das Waren- oder Dienstleistungsangebot oder für die Abholung oder Lieferung der Ware oder die Inanspruchnahme der Dienstleistung unvermeidbar sind;

22. die Übermittlung von Werbematerial unter Beifügung einer Zahlungsaufforderung, wenn damit der unzutreffende Eindruck vermittelt wird, die beworbene Ware oder Dienstleistung sei bereits bestellt;

23. die unwahre Angabe oder das Erwecken des unzutreffenden Eindrucks, der Unternehmer sei Verbraucher oder nicht für Zwecke seines Geschäfts, Handels, Gewerbes oder Berufs tätig;

24. die unwahre Angabe oder das Erwecken des unzutreffenden Eindrucks, es sei im Zusammenhang mit Waren oder Dienstleistungen in einem anderen Mitgliedstaat der Europäischen Union als dem des Warenverkaufs oder der Dienstleistung ein Kundendienst verfügbar;
25. das Erwecken des Eindrucks, der Verbraucher könne bestimmte Räumlichkeiten nicht ohne vorherigen Vertragsabschluss verlassen;
26. bei persönlichem Aufsuchen in der Wohnung die Nichtbeachtung einer Aufforderung des Besuchten, diese zu verlassen oder nicht zu ihr zurückzukehren, es sein denn, der Besuch ist zur rechtmäßigen Durchsetzung einer vertraglichen Verpflichtung gerechtfertigt;
27. Maßnahmen, durch die der Verbraucher von der Durchsetzung seiner vertraglichen Rechte aus einem Versicherungsverhältnis dadurch abgehalten werden soll, dass von ihm bei der Geltendmachung seines Anspruchs die Vorlage von Unterlagen verlangt wird, die zum Nachweis dieses Anspruchs nicht erforderlich sind, oder dass Schreiben zur Geltendmachung eines solchen Anspruchs systematisch nicht beantwortet werden;
28. die in eine Werbung einbezogene unmittelbare Aufforderung an Kinder, selbst die beworbene Ware zu erwerben oder die beworbene Dienstleistung in Anspruch zu nehmen oder ihre Eltern oder andere Erwachsene dazu zu veranlassen;
29. die Aufforderung zur Bezahlung nicht bestellter Waren oder Dienstleistungen oder eine Aufforderung zur Rücksendung oder Aufbewahrung nicht bestellter Sachen, sofern es sich nicht um eine nach den Vorschriften über Vertragsabschlüsse im Fernabsatz zulässige Ersatzlieferung handelt, und
30. die ausdrückliche Angabe, dass der Arbeitsplatz oder Lebensunterhalt des Unternehmers gefährdet sei, wenn der Verbraucher die Ware oder Dienstleistung nicht abnehme.

Literaturauswahl

Ahrens, Der Wettbewerbsprozess, 8. Aufl. 2016

Büscher/Jungeblut, UWG, 2018

Erman, BGB, 15. Aufl. 2017

Götting/Nordemann UWG, 3. Aufl. 2016

Harte-Bavendamm/Henning-Bodewig, UWG, 4. Aufl. 2016

Köhler/Bornkamm/Feddersen, UWG, 36. Aufl. 2018 *(zitiert Bearbeiter in KBF)*

Lehmler, UWG, 2. Aufl. 2017

MK: Lauterkeitsrecht, 2. Aufl. 2014

Musielak/Voit, ZPO, 15. Aufl. 2018

Niebling, Anwaltskommentar AGB-Recht, 3. Aufl. 2017

Palandt, BGB, 77. Aufl. 2018

Piper/Ohly/Sosnitza, UWG, 7. Aufl. 2016

Prütting/Gehrlein, ZPO, 10. Aufl. 2018

PWW Prütting/Wegen/Weinreich, BGB, 13. Aufl. 2018

Teplitzky, Wettbewerbsrechtliche Ansprüche und Verfahren, 11. Aufl. 2016

Thomas/Putzo, ZPO, 39. Aufl. 2018

Ullman, UWG, 4. Aufl. 2016

Ulmer/Brandner/Hensen, AGB-Recht, 12. Aufl. 2016

Wolf/Lindacher/Pfeiffer, AGB-Recht, 6. Aufl. 2013

Zöller, ZPO, 32. Aufl. 2018

Sachregister